Hajo Funke
Die Höcke-AfD
Eine rechtsextreme Partei
in der Zerreißprobe

Hajo Funke (* 1944), Professor (i.R.) an der Freien Universität Berlin, ist ausgewiesener Experte für Rechtsextremismus. Von ihm erschienen zuletzt bei VSA: »Der Kampf um die Erinnerung. Hitlers Erlösungswahn und seine Opfer« (2019), »Gäriger Haufen. Die AfD: Ressentiments, Regimewechsel und völkische Radikale« (2018, zusammen mit Christiane Mudra), »Rechtspopulistische Zerstörung Europas?« (2018, zusammen mit Klaus Busch und Joachim Bischoff) und »Sicherheitsrisiko Verfassungsschutz. Staatsaffäre NSU: das V-Mann-Desaster und was daraus gelernt werden muss« (2017).

Gertrud Hardtmann, (* 1932), Fachärztin für Neurologie und psychoanalytische Psychotherapie, Professorin für Sozialpädagogik an der Technischen Universität Berlin (em. 1998), seitdem in der psychoanalytischen Praxis tätig. Veröffentlichungen über die Auswirkungen des Holocaust auf die erste und zweite Generation der Täter und Opfer und über Gespräche mit rechtsradikalen Jugendlichen.

Hajo Funke

Die Höcke-AfD

Eine rechtsextreme Partei in der Zerreißprobe

Mit einem Exkurs von Gertrud Hardtmann

Eine Flugschrift

Aktualisierte Ausgabe

VSA: Verlag Hamburg

www.vsa-verlag.de

Ich danke Farin und Nina sowie Micha Brumlik, Lutz Bucklitsch, Gertrud Hardtmann, Irmela von der Lühe und Christiane Mudra für intensive Diskussionen und ganz besonders Marion Fisch und Gerd Siebecke für das bei meinen Manuskripten stets umfangreiche weiterführende Lektorat.

Am Ort meiner Gasttätigkeit an der University of Virginia in Charlottesville in diesem Frühjahr danke ich meinem Freund Jeff Grossman und den Studierenden zur extremen und populistischen Rechten in Deutschland, Europa und den Vereinigten Staaten sowie der Bedeutung historischer Erinnerung in Deutschland und den Vereinigten Staaten.

Charlottesville/Berlin, Mitte Dezember 2020

Titelfoto: Björn Höcke begrüßt Jörg Meuthen und Alexander Gauland beim AfD-Parteitag in Braunschweig, 30.11.2019
(Foto: Julian Stratenschulte/picture alliance/dpa)
Druck und Buchbindearbeiten: CPI books GmbH, Leck
ISBN 978-3-96488-093-2

Inhalt

Einleitung

Am Ende des im hohen Maße von der Coronapandemie geprägten Jahres 2020 sind wir konfrontiert mit einer zunehmend zerrütteten Alternative für Deutschland (AfD). Die Partei macht – außer mit der Unterstützung von Corona-Leugnern und geschmacklosen Provokationen im Bundestag (wie in der Debatte um das Corona-Krisenmanagement vom 18. November 2020) – hauptsächlich noch durch ihre tiefe, selbstzerstörerische Spirale wachsender Spannungen auf sich aufmerksam. In Umfragen[1] ist sie nach dem Eklat im Parlament bundesweit auf historisch niedrige 7% gefallen – wenn sie auch im Osten Deutschlands stabil bei 20% verharrt.

Meuthens (Ab-)Spaltungsstrategie

Seit dem Frühjahr 2020 eskaliert der gegenwärtige Bundessprecher Jörg Meuthen die Konfrontation zwischen den Lagern der Partei. Mitte Mai erfolgte der – nicht politisch, sondern juristisch begründete – Rauswurf des »Flügel«-Einpeitschers Andreas Kalbitz. Auf dem 11. Parteitag der AfD im »Wunderland Kalkar« Ende November versetzte Meuthens durch keine Beschönigungen abgefederte Wutrede gegen den nach wie vor weithin dominanten rechtsextremen »Flügel« die Delegierten in extreme Spannung. Es wirkte beinahe, als hätte der Verfassungsschutz die Feder geführt; zudem verhinderte eine autoritäre Parteitagsregie, dass auch nur eine kritische Wortmeldung unmittelbar nach Meuthens Ausbruch abgegeben werden konnte. Beides führte zu einer äußerst heftigen Eskalation am Folgetag. Die Angegriffenen, wie der »Ehrenvorsitzende« Alexander Gauland oder der immer noch prominenteste »Flügel«-Exponent Björn Höcke, waren zunächst auf die ansonsten von ihnen als »Lügenpresse«

---

[1] Vgl. z.B. Forsa lt. Redaktionsnetzwerk Deutschland vom 28.11.2020.

diffamierten Medien angewiesen. Am Sonntag, den 29. November, ereignete sich dann geradezu eine Explosion des Parteitags in Stimmgewalt, Dauer und Intensität der Vorwürfe. Es ist, als hätte Meuthen die Eskalation provozieren wollen – ohne jedoch die seit Längerem von ihm gewünschte Abspaltung der Gruppe um Höcke zu erreichen. Damit ist die durch Gauland angestrebte Integration der verschiedenen Lager ebenso gescheitert wie Meuthens Strategie der Konfrontation und Abspaltung.

Die lange geplante Integration der verschiedenen Lager durch den sozial- und rentenpolitischen Kompromissantrag, der in Kernelementen die ethnozentrisch-völkische Handschrift Höckes trug, war zwar programmatischer Gegenstand des Parteitags, wurde jedoch durch die Eskalation in den Hintergrund gerückt. Dabei hat Höcke »ein Rentenkonzept durchgedrückt, das ›Solidarität und gegenseitige Hilfe innerhalb unseres Volkes‹ betont und wohl dem Ziel dienen soll, dass jede Frau im Schnitt 2,1 Kinder bekommt, also in die Geburtenschlacht gegen die muslimische ›Landnahme‹ geschickt wird« (vgl. Alan Posener, Zeitonline vom 2.12.2020). Meuthen wiederum gelang mit knappsten Mehrheiten die Konsolidierung seiner Vorstandsmehrheit durch Nachwahlen. Es gibt indes absehbar keine Gruppe oder Person, die die Partei noch integrieren könnte. Sofern es ein politisches Kalkül in dieser Brandrede Meuthens gegeben hat, war es von dem Versuch getragen, die Beobachtung durch den Verfassungsschutz abzuwenden und den Flügel nach den Kalbitz-Demütigungen ein weiteres Mal aus der Partei zu drängen. Dafür fehlt aber jeder Anhaltspunkt.[2] Deswegen lässt sich nicht ausschließen,

[2] Hinzu kommt: Jörg Meuthen hat infolge der miserablen Lage der Partei und der Drohung der Beobachtung durch den Verfassungsschutz eine um Mäßigung bemühte Rede gehalten; gleichwohl ist er in seinem bisherigen Wirken keineswegs ein gemäßigter »Konservativ-Rechtsstaatlicher« (Meuthen). Noch Ende August 2019, im Wahlkampf für die Landtagswahl in Brandenburg, beschwor er in Oranienburg den anwesenden Spitzenkandidaten Kalbitz lobend als »harten Hund«; er teilt die Auffassung der extremen neuen Rechten *und* der Partei, es müsse gegen »Kulturfremde« (Meuthen) gehen; vergleiche auch BfV (2019).

dass es auch um ein weiterreichendes, eher unpolitisches Kalkül gegangen sein dürfte: nämlich die Haut des Noch-Bundessprechers zu retten, auch in seinen staatlichen Lehrfunktionen.

Vom Zauber zum Katzenjammer

Diese Zuspitzung erfolgte nicht von ungefähr. Die ehedem für das Parteivolk – und wohl auch Teile der interessierten (Medien-)Öffentlichkeit – faszinierende Wahrnehmung: *je radikaler, desto erfolgreicher* – hatte sich in einer Kette von Stagnation und Niederlagen ins Gegenteil verwandelt und die Spannungen in der Partei verschärft. Diese Stagnation war Resultat

- einer intensiven Debatte um die Wirkungen der eigenen Hetze auf tödliche Attentate und rassistische Gewalt,
- des Skandals um die Rolle der AfD bei der Wahl von Thomas Kemmerich (FDP) zum Ministerpräsidenten in Thüringen,
- des absoluten Hin und Her im Umgang mit der Pandemie und des späten und bisher erfolglosen Anbiederns an Corona-Leugner,
- des anhaltenden Machtkampfs um die Ausrichtung der Partei und
- des Absturzes in den Umfragen nach dem von einzelnen Parteimitgliedern provozierten Auftreten von Störern im Bundestag Mitte November 2020.

Der Zauber des *je radikaler desto erfolgreicher* aus den Jahren 2017 und 2018 ist somit verschwunden; der Spiegel rechtsradikaler Grandiosität zersplittert. Meuthens Brandrede hat vielmehr das eigene Haus in Brand gesetzt und wirkt in Richtung Selbstzerlegung und Selbstzerstörung. Von einem innerparteilichen Sieg des Bundessprechers kann keine Rede sein; »sein Stuhl ist keinesfalls sicher« (Oskar Niedermayer, Tagesspiegel, 1.12.2020); er ist schon gar nicht einer, der noch integrieren könnte wie gegenwärtig auch niemand sonst.

Die doppelte Spaltung der Bewegungspartei

Die AfD ist inzwischen in diejenigen Mitglieder gespalten, die um möglichst viele Wähler für eine Partei rechts der CDU/CSU kämpfen, und diejenigen, die offen für einen völkisch-radikalnationalistischen Kurs eintreten. Sie gibt sich einerseits als »normale« Partei, die durch Wahlen Einfluss zu gewinnen sucht, und andererseits als atypische »fundamentaloppositionelle Bewegungspartei« (Höcke), die bewusst mit Pegida ebenso wie mit Hooligans, Neonazis und Corona-Leugnern auf Demonstrationen offen kooperiert, es also – zugespitzt formuliert – mit jedem treibt, der zu ihr passt. Für diese doppelte Spaltung gibt es längst keine Integration mehr – weder im Sinne einer integrierenden Ideologie noch über Personen, die diese Integrationsfunktion wahrnehmen könnten. Gauland hatte nicht zuletzt durch ihn wohlwollend begleitende Medien, auch in Teilen der FAZ, diesen doppelten Spalt lange überdecken können, ist aber darin letztlich gescheitert.[3] Die durch die formelle Selbstauflösung des »Flügels« bedingte Entgrenzung ihres Einflusses legt eine Beobachtung der Gesamtpartei durch den Verfassungsschutz, wie immer man sonst zu dessen Rolle stehen mag, nahe, jedenfalls dann, wenn er die Funktion eines Frühwarnsystems in diesem Fall wahrnehmen will. Von einem möglichen Verbot, wie dies kurzzeitig diskutiert worden ist, ist jedenfalls angesichts des schwierigen Procederes in den nächsten Jahren keine Rede.

So spricht Ende des Jahres 2020 viel dafür, dass durch die offenkundige Spaltung der völkische »Flügel« in seinem Einfluss weiter zunehmen und sich konsolidieren wird, die Partei im Wählerzuspruch bis auf weiteres zurückfällt und die Verbindung, ja Integration von sich bürgerlich gebenden, »konservativen« Nationalisten und Rechtsextremen scheitert. Damit scheitert auch

[3] Anders sah es lange Zeit bei den »Republikanern« aus, jedenfalls solange wie der robuste Anführer Franz Schönhuber alle Widersacher beseitigt und damit zugleich die Radikalisierung der Partei betrieben hatte.

die Strategie Alexander Gaulands, der seine Enttäuschung darüber kaum noch verhehlen kann.

Angesichts der in ihrer Tragweite kaum absehbaren grundstürzenden gesellschaftlichen Wirkungen der Coronakrise und des Krisenmanagements der Exekutive von Ländern und Bund spielt die AfD, die einstmals die bürgerlichen Parteien, insbesondere die Regierungschefin Angela Merkel, im Gefolge der Flüchtlingsdebatte vor sich her getrieben hatte, in Parlamenten und Medien keine herausragende Rolle. Sie stagniert im Osten bei beträchtlichen knapp 20%, im Durchschnitt der westdeutschen Länder bei weit unter 10%. Das Bedrohungspotenzial für die Demokratie liegt indes weiterhin in der Hetze von Teilen der AfD und den gefährlichen Gewalttaten terroraffiner Gruppen.

Öffentliches Entsetzen führt die Partei in die Defensive

Spätestens seit dem Mord am Regierungspräsidenten von Kassel, Walter Lübcke (CDU), Anfang Juni 2019 hat sich in Öffentlichkeit, Medien und den demokratischen Parteien die Auffassung verbreitet, dass die von Hass und Hetze geprägte Sprache gerade auch in der Höcke-Partei für die Zunahme an (rassistischer) Gewalt verantwortlich ist.

Im Februar 2020 kam dann hinzu, dass eine De-facto-Koalition von FDP, CDU und der Höcke-Partei in Thüringen den FDP-Kandidaten Thomas Kemmerich zum Ministerpräsidenten gewählt hatte. Dies erinnerte an die frühen Erfolge der NSDAP in Thüringen 1930 und führte zu einem Aufstand in der FDP, aber auch in der Öffentlichkeit.

Auch die Nibelungentreue vieler AfD-Protagonist*innen zum rechtsextremen, rassistischen Kurs von Donald Trump hat sich mit dessen Niederlage bei den US-Präsidentschaftswahlen nicht ausgezahlt, im Gegenteil. Mit der Entfesselung von Hass und putschähnlichen Strategien sowie Trumps letztendlich eindeutiger Niederlage sollte die Öffentlichkeit in Deutschland wissen, wo die Gefahr für die Demokratie liegt.

Insofern gehen wir in dieser aktualisierten Ausgabe auf folgende Schwerpunkte näher ein:

- Im ersten Kapitel untersuchen wir den *radikalisierten, inzwischen rechtsextremen Charakter der Partei* und analysieren für Ostdeutschland den inzwischen leicht reduzierten *Block von knapp 20%* der AfD.
- Im zweiten Kapitel wird der nach wie vor bestehende vergleichsweise radikale 20%-Block in der AfD in den ostdeutschen Ländern in den Blick genommen.
- Im dritten Kapitel richtet sich der Blick auf das rechtsextreme, von Allmachtsphantasien durchzogene Gewaltprogramm von Björn Höcke und auf sein engeres Umfeld – vom nach wie vor im Hintergrund des Parteigeschehens aktiven Andreas Kalbitz bis zur extremen neu-alten Rechten um den Verleger Götz Kubitschek. Gertrud Hardtmann, meine langjährige Kollegin, reflektiert in einem für diese Neuauflage erstellten Exkurs aus ihren psychoanalytischen Einsichten die im Denken von Björn Höcke bemerkbare eigentümliche Unsicherheit, aber auch die Abgründe unter dem Titel: »Nicht in denselben, aber doch in den gleichen Fluss?«
- Im vierten Kapitel wird der These nachgegangen, dass unmittelbare, ja schwerwiegende *Gefahren für die Demokratie* dann entstehen, wenn es in der Tradition faschistischer Bewegungen zu einer Verbindung von Massenbewegung, ideologischer Radikalisierung und Anführern kommt, die versuchen, die Machtfrage zu stellen:

  erstens durch einen verschwörungsideologischen Radikalismus von Zulauf gewinnenden Corona-Leugnern und dem Versuch der AfD, ihm nachzulaufen

  zweitens für einen kurzen Moment im Frühjahr 2020 in Thüringen

  und drittens in einem ganz anderen Ausmaß im Kampf um die Präsidentschaft der Vereinigten Staaten Ende 2020.
- Vor diesem Hintergrund ergibt sich im Kapitel 5 das Plädoyer für eine demokratisch-sozialstaatliche Politik.

1. Dynamische Rechtsradikalisierung der Partei[4]

Der Kern der AfD-Strategie besteht – neben der grotesken Leugnung des Klimawandels – in der Annahme, man werde als Volk durch »Kulturfremde« ausgetauscht und drohe unterzugehen. Das sei das Werk Angela Merkels – und des »Systems«. Es brauche daher einen Aufstand, eine nationale Revolution gegen den beschworenen »Volkstod« und für eine geschlossene deutschnationale Identität. Die Strategie zeigt sich in einem einfachen Dreischritt:

Gefordert wird erstens eine *»erinnerungspolitische Wende um 180 Grad«* und das Holocaust-Mahnmal in Berlin wird als *»Denkmal der Schande«* bezeichnet (Höcke, Dresdner Rede, 17.1.2017). Daraus folgt, die Geschichte des Nationalsozialismus und seiner Verbrechen für einen »Vogelschiss« in einer *»ruhmreichen (...) über tausendjährigen Geschichte«* Deutschlands zu erklären (Gauland, 2.6.2018) und dabei *»stolz zu sein auf die Leistungen deutscher Soldaten in zwei Weltkriegen«* (Gauland, 2.9.2017). In atemberaubendem Tempo ist so die in der bundesdeutschen Gesellschaft weitgehend akzeptierte Erinnerung an den nationalsozialistischen Staat und seine Verbrechen zum zentralen Objekt der Angriffswellen von rechts geworden.[5]

Die Tilgung dieser Erinnerung dient zweitens dazu, das anzugreifen, was die Republik von ihrer politisch-kulturellen Identität her zusammenhält: die *Verfassung der Grundrechte*, der Menschenwürde, der Versammlungs-, Presse- und Religionsfreiheit in der gewaltengeteilten Demokratie des sozialen Rechtsstaats.

Ohne einen von ihr angestrebten fundamentalen Systemwandel kann die völkische Rechte drittens ihr Kernprogramm, den

---

[4] Anfang 2019 wurde durch netzpolitik.org das umfangreiche Gutachten des Bundesverfassungsgerichts zur AfD an die Öffentlichkeit lanciert (BfV 2019). Im Folgenden wird, wenn nicht anders notiert, nur die Seitenzahl angegeben.

[5] Vgl. dazu auch Funke 2019.

unbedingten Kampf gegen alle größeren ethnischen und religiösen Minderheiten zugunsten eines *ethnisch »reinen« Staates deutscher Identität*, nicht erfolgreich durchsetzen. Dem entsprechen die immer neu entfesselten Angriffswellen gegen Muslime, Deutsch-Türken und Geflüchtete.

Die Vertreter dieser Strategie organisieren eine »fundamentaloppositionelle Bewegungspartei« (Höcke). Das geschieht nicht nur, um »Frau Merkel (zu) jagen« (Gauland, 24.9.2017), sondern das *System*, das sie ihres Erachtens verkörpert. Sie betreiben einen Generalangriff auf die Republik, ihre politisch-kulturellen Traditionen und den Kern der Verfassung. Die AfD ist in ihrer politischen Ausrichtung mehrheitlich an der gewaltengeteilten Demokratie erkennbar desinteressiert und sucht sie auch von der parlamentarischen Bühne her anzugreifen, zu unterlaufen und zu zersetzen. Ihre Anhänger rütteln offen an den Grundlagen dessen, woraus sich einmal die Bundesrepublik konstituiert hat, und streben inzwischen offensiv ein Ende dieser Republik, eine völkische »Revolution« (Andreas Kalbitz auf einer Kundgebung der AfD in Berlin am 27. Mai 2018) in der Tradition der extremen Rechten und der Neonazis an. Das hat mit einem demokratischen Konservatismus nichts mehr zu tun.

Auch wenn wir uns in unserer Analyse auf den »Flügel« konzentrieren, weil von ihm – auch nach seinem formellen Ende im Frühjahr 2020 – die radikalisierende Dynamik ausgeht, kann belegt werden, dass es inzwischen einen breiten fremdenfeindlich-rassistischen Konsens in der Partei gibt. Das war nicht immer so, schon gar nicht in den ersten Jahren – bis zum Parteitag vom 30. April und 1. Mai 2016 in Stuttgart.

Auch Medienvertreter*innen gehen vielfach bis heute von einer bürgerlich-moderateren Mehrheit in der AfD aus. Diese sogenannten Moderateren haben indes seit vier Jahren keine wirkliche machtpolitische Alternative in der Partei entwickeln können, auch wenn sie gewiss nicht nur ein Medienprodukt sind. Das zeigt, woher der stürmische »Flügel«schlag innerhalb der Partei kommt. Der de facto rechtsextreme Konsens auf Parteitagen wie unter den Einflussreicheren im Machtzentrum der AfD – ihrer innerparteilichen Elite – soll im Folgenden anhand von ausgewählten Aussagen zentraler Akteure belegt werden.

Hass gegen die »Kulturfremden« – die rassistische DNA der AfD

Als die Sozialdemokratin Aydan Özoguz im Mai 2017 bei einer Kritik am Begriff der deutschen »Leitkultur« die besondere Bedeutung der deutschen Sprache hervorhob, erklärte Gauland vor Anhängern im Eichsfeld: »Ladet sie mal ins Eichsfeld ein, und sagt ihr, was spezifische deutsche Kultur ist. Danach kommt sie nie wieder hierher, und wir werden sie dann auch, Gott sei Dank, in Anatolien entsorgen können.« (Zitiert nach Süddeutsche Zeitung, 16.6.2019, S. 13)

Gauland beklagte zudem: »Eine deutsche oder eine englische Fußballnationalmannschaft sind schon lange nicht mehr deutsch oder englisch im klassischen Sinne.« Zwar könne man eine Verfassung ändern, nicht aber »Identität, Nationales, Kultur«. »Sie ist uns angeboren (…).« (BfV 2019: 71)

Dennis Augustin (ehemaliger AfD-Chef in Mecklenburg-Vorpommern) behauptet: »Wir werden gedrängt, uns muslimischen Eroberern anzupassen.« (ebd.: 75); Marc Jongen (AfD Baden-Württemberg und Bundestagsabgeordneter) spricht von den »genetischen Grundlagen der Kultur« (70). Und Uwe Junge (AfD Rheinland-Pfalz) prophezeit: »Der Tag wird kommen, an dem wir alle Ignoranten, Unterstützer, Beschwichtiger, Befürworter und Aktivisten der Willkommenskultur im Namen der unschuldigen Opfer zur Rechenschaft ziehen werden! Dafür lebe und arbeite ich. So wahr mir Gott helfe!« (Tweet 2017, zitiert nach »hart aber fair« vom 2.7.2019)

Schon 2013 beklagte die angeblich moderate *Alice Weidel*, dass »wir von kulturfremden Völkern wie Arabern, Sinti und Roma etc. überschwemmt werden« (zitiert nach Detering 2019: 10).

Vier Jahre später heißt es bei Höcke in seiner Dresdner Rede, dass nicht nur diese, sondern alle Asiaten und Afrikaner »kulturfremd« seien. Von »kulturfremden« Völkern als »Barbaren« hatte Alexander Gauland bereits im November 2015 vor Anhängern seiner Partei gesprochen und Deutschland mit Rom verglichen, das von den »Barbaren« zerstört worden sei. Am 16. Mai 2018 warnte Alice Weidel im Bundestag vor »Kopftuchmädchen, alimentierten Messermännern und sonstigen Taugenichtsen« (Detering 2019: 11). »Diese Kombination (unterstellt) gleich viererlei: erstens, dass für einen muslimischen Mann das Messer dieselbe Bedeutung habe wie für eine muslimische Frau das Kopftuch; zweitens, dass das eine so gewaltaffin sei wie das andere; drittens, dass die so interpretierten Attribute Messer und Kopftuch bei Muslimen als die jeweils maßgebliche soziale Geschlechtsmarkierung dienten; und viertens, dass beide Attribute ihre Trägerinnen und Träger ohne weiteres, als sei das von selber evident, als ›Taugenichtse‹ verrieten. Wer (aber) diese Fremden ›alimentiert‹, (…) der finanziert in dieser Logik das Verbrechen.« (Ebd.)

Ähnlich geht *Beatrix von Storch* vor, wenn sie vor den Migranten mit den Worten warnt, es handele sich um »barbarische, muslimische, gruppenvergewaltigende Männerhorden«. Hier handelt es sich um die »unauffällige Parallelisierung der drei Attribute, deren Neben- und Ineinander denselben falschen Schein von Natürlichkeit erzeugt wie die Kombination von Musliminnen mit Kopftüchern und Muslimen mit Messern« (ebd.). Storch habe das Wort »›muslimisch‹ zwischen ›barbarisch‹ und ›gruppenvergewaltigend‹ so selbstverständlich eingeschoben, als gehöre es zum selben Begriffsfeld« (ebd.: 11f.).

Im Sommerinterview des ZDF vom 4. August 2019 erklärte *Jörg Meuthen* anlässlich des furchtbaren Mordes an einem achtjährigen Kind im Frankfurter Hauptbahnhof, dass Zugewanderte nicht integrationsfähig seien und ein (tödliches) Risiko für die Nation darstellten: »Integration (bleibe) ohnehin eine Wunschvorstellung: ›Aber mit Verlaub, was wir hier haben, ist eine kulturfremde Einwanderung, die selbst da, wo es den Anschein hat, als würde Integration gelingen, erkennbar nicht gelingt.‹ Womit zwei Dinge gesagt sind: Dass Meuthen in dieser Logik grundsätzlich keine Einwanderung aus Ländern wollen kann, die er als ›kulturfremd‹ begreift. Und dass er sogar bei denjenigen, die gut integriert sind, nur von einem ›Anschein‹ ausgeht und einer schlummernden Gefahr, bis hin zum Kindsmord wie in Frankfurt.« (FAZnet vom 5.8.2019). Meuthen präsentiert lediglich die rassistische DNA seiner Partei.

Paranoia: »Umvolkung«. Gaulands rassistischer Code

Am 2. Juni 2016 hatte Alexander Gauland in Elsterwerda eine Politik angeprangert, die darauf abziele, »das deutsche Volk allmählich zu ersetzen durch eine aus allen Teilen dieser Erde herbeigekommene Bevölkerung«. Schon damals bezog er sich auf die rassistische Verschwörungsphantasie von der angeblichen »Umvolkung« und dem »großen Austausch«, wie sie von der Identitären Bewegung und von Götz Kubitschek vertreten wird, wobei diese Strategie mit Vorliebe vermeintlichen jüdischen Weltverschwörern wie George Soros zugeschrieben wird (vgl. Detering 2019: 12).

Die »Kanzlerdiktatorin« wolle das deutsche Volk völlig umkrempeln, »uns« viele fremde Menschen »aufpropfen und uns zwingen, die als Eigenes anzuerkennen« (ebd. :13). Sarkastisch bemerkt der Sprachwissenschaftler Heinrich Detering dazu: »Gaulands *gärtnerische Metapher* verschiebt den Konflikt unauffällig und darum wirkungsvoll von der Kultur in die Biologie. ›Wir‹« sind hier verwurzelt, naturwüchsig, ein Volk wie ein Baum; die Volks-Fremden werden uns aufgepfropft als biologisch fremde Triebe. Die Metapher ist in ihrem Kern rassistischer, als man es ihr ansieht.« (Ebd.)

Gauland beschwört zudem eine gegen das deutsche Volk gerichtete »Politik der menschlichen Überflutung«. Wer die Flut der »Barbaren« zurückdrängen will – so Detering weiter –, »der wird in der Tat notfalls so handeln müssen, wie es (…) am 30. Januar 2016 *Beatrix von Storch* auf ihrer Facebook-Seite formulierte: »›Es ist so weit. (…) Wer das HALT an unserer Grenze nicht akzeptiert, der ist ein Angreifer. Und gegen Angriffe müssen wir uns verteidigen.‹ Ob sie also auch Frauen und Kinder mit Waffengewalt fernhalten wolle, fragt ein erschrockener Leser; Frau von Storch antwortet: ›*Ja.*‹ Dass sie diese schriftliche Antwort nachträglich wieder zurückzunehmen versuchte,[6] nimmt ihr nichts an (man möchte sagen: barbarischer) Folgerichtigkeit.« (Ebd.: 14)

Reinwaschung von Wehrmacht und Nationalsozialismus

Im verzweifelten Kampf um die Rettung des für ihre Identität maßgeblichen Konzepts der ethnischen »Reinheit« beruft sich die Partei, insbesondere die dem »Flügel« zuzurechnenden Anhänger, auf ihr spezifisches Verständnis der Geschichte des 20. Jahrhunderts. Sie betreibt eine Identifizierung mit den damaligen neuen Nationalisten der Weimarer Republik, den entschiedenen Antidemokraten und Wegbereitern des Nationalsozialismus aus der »Konservativen Revolution«. Außerdem scheut sie nicht vor einer prekären Identifizierung mit der Wehrmacht und damit auch deren Verbrechen zurück. So sehr sie sich modernisiert geben, oft mithilfe der neuen Rechten, so gebannt fallen AfD-Anhänger auf die furchtbare Dynamik des historischen Faschismus und Nationalsozialismus zurück.

Am 2. September 2017 erklärte Gauland beim Kyffhäusertreffen: »Wenn die Franzosen zu Recht stolz auf ihren Kaiser sind und die Briten auf Nelson und Churchill, haben wir das Recht, stolz zu sein auf die Leistung deutscher Soldaten in zwei Weltkriegen.« (Zitiert nach Detering 2019: 21) Detering fragt, was dieser Satz zu bedeuten hat: »Aber wenn tatsächlich alle Franzosen stolz auf Napoleon sein sollten und alle Briten auf Lord Nelson und Winston Churchill – sollte daraus folgen, dass die Deutschen stolz sein sollten auf Reichswehr und Wehrmacht?« Irritierend sei, dass auf der einen Seite drei Personen stehen, auf der anderen Seite hingegen ein Abstraktum, nämlich eine Gesamtheit von

[6] https://meedia.de/2016/02/09/ich-bin-auf-der-maus-ausgerutscht-twitter-spott-fuer-beatrix-von-storchs-absurde-schiessbefehl-erklaerung.

»Leistungen«. Symmetrisch und damit die behauptete Analogie allererst begründend wäre folgende Argumentation: »Wenn auf der einen Seite die britische Armee im Zweiten Weltkrieg stünde und auf der anderen die deutsche Wehrmacht. Dann würde sie besagen, dass die Leistungen in der Niederschlagung des Nationalsozialismus ebenso bewunderungswürdig seien wie die Taten der Kämpfer für den Nationalsozialismus selbst. Oder es stünde, falls man beim Vergleich historischer Personen bleiben sollten, auf der einen Seite der Oberbefehlshaber Winston Churchill, auf der anderen der Oberbefehlshaber Adolf Hitler.« (Ebd.)

Zur Verfassungsfeindlichkeit in der AfD

Das BfV-Gutachten zur AfD hält zu seinen Kriterien fest: »In Parteien oder ihren Teilorganisationen werden verfassungsfeindliche Bestrebungen verfolgt, wenn sie darauf gerichtet sind, die in § 4 Abs. 2 BVerfSchG [Bundesverfassungsschutzgesetz] genannten Verfassungsgrundsätze durch politisch bestimmte, ziel- und zweckgerichtete Verhaltensweisen zu beseitigen oder außer Geltung zu setzen.« (BfV 2019: 8) Die Garantie der *Menschenwürde*[7] schützt den einzelnen Menschen in seiner »personalen Individualität, Identität und Integrität und in seiner elementaren Rechtsgleichheit«. Dem Menschen kommt »um seiner selbst willen, allein kraft seines Menschseins, ein Achtungsanspruch« zu. Ein Konzept mit einem biologisch-rassistischen oder ethnokulturellen Volksbegriff wird dem nicht gerecht (10ff.).

[7] Ende November 2020 ist dieses zentrale Prinzip der Menschenwürde vom Bundesverfassungsgericht erneut bekräftigt worden. Ein Betriebsrat hatte seinen schwarzen Kollegen rassistisch beleidigt und wurde daraufhin gekündigt. Diese Entscheidung hat das Bundesverfassungsgericht bestätigt. Damit steht die Menschenwürde über der Meinungsfreiheit. Die Menschenwürde werde angetastet, wenn eine Person nicht als Mensch, sondern als Affe adressiert wird. Der Kollege hatte die Worte »Ugah, Ugah« verwandt. (Vgl. Zeit-online vom 24.11.2020)

Das *Demokratieprinzip* ist dann verletzt, wenn der Parlamentarismus oder die aktuellen politischen Verhältnisse verächtlich gemacht werden, ohne aufzuzeigen, auf welchem Weg sie sonst dem Grundsatz der Volkssouveränität Rechnung tragen wollen. (14)

»Das *Rechtsstaatsprinzip* zielt auf die Bindung und Begrenzung öffentlicher Gewalt zum Schutz individueller Freiheit« (nach Art. 20, 3 GG) »und die Kontrolle dieser Bindung durch unabhängige Gerichte sowie die Beibehaltung des Gewaltmonopols des Staates«.

Der völkische Nationalismus geht demgegenüber (prinzipiell) von der Existenz geschlossener ethnisch-biologischer und/oder ethnisch-kultureller Völker/Volksgruppen aus. Die innere Homogenität der Gruppe ist zu wahren und durch Abgrenzung/Ausgrenzung von allem, was die eigene Homogenität gefährdet, sicherzustellen. (68f.)

Das Verhältnis von Sprache und Gewalt

Die Hetze gegen die Minderheiten und das »System« wird zur eigentlichen Substanz der Politik, mit der Beschwörung eines Ausnahmezustands, in dem jederzeit der Untergang drohe. Deswegen müsse man sich der Bewegung und ihrer Führung anvertrauen. Solche Massenpropaganda, wenn sie denn gelingt, macht Menschen neurotisch und immunisiert sie gegen weiteres Nachdenken. Es kommt zu einer Identifizierung mit dem Führer um jeden Preis, im Zweifel ohne jede weitere Reflexion, ob das alles sinnvoll sei. In dieser Logik ist Abwehr und Gewalt gegen andere nahezu zwingend, um nicht selber ausgelöscht zu werden. Man muss eben alle »kulturfremden« Menschen aus dem Land verbannen und dazu die nötige bzw. eine »wohltemperierte Grausamkeit« (Höcke) einsetzen.[8] Es braucht die Gewalt, die funda-

[8] Siehe hierzu insbesondere den Abschnitt zu Björn Höckes Rhetorik im 3. Kapitel.

mentale Aufkündigung des Grundgesetzes und aller verabredeten Regeln und Gesetze in Deutschland und Europa, um endlich die ethnisch »reine« Nation durchzusetzen.

Die völkischen Bewegungen schufen seit 2014 – mit dem Katalysator der bundesweit geführten Flüchtlingsdebatten der Jahre 2015 und 2016 – einen sich gegenseitig verstärkenden ressentimentgeladenen schrillen Klangteppich aus Schlagworten, autoritärer Agitation, Hass und Hetze. Der zugespitzten Gewaltsprache korrespondiert eine mehrjährige Dynamisierung von Bewegungen des Ressentiments. Durch Pegida, HoGeSa und alsbald große Teile der AfD wurden bestehende rechtsautoritäre Resonanzböden durch die Entfesselung von Ressentiments ins Schwingen gebracht.

Der erste öffentliche Auftritt der Bewegung der »Patriotischen Europäer gegen die Islamisierung des Abendlands« (Pegida) unter der Leitung von Lutz Bachmann und Siegfried Däbritz am 20. Oktober 2014 löste in Dresden eine riesige Resonanz aus. Ebenso das gewalttätige Vorgehen der sogenannten Hooligans gegen Salafisten, kurz HoGeSa, wenige Tage danach, am 26. Oktober 2014 in Köln. In den folgenden Monaten entfesselten sie alsbald mit Unterstützung des »Flügels« in bis dahin ungeahnter Weise Ressentiments.

Rechtsradikalisierung im Rhythmus der Parteitage

Der im Frühjahr 2015 gegründete »Flügel« um Gauland, Höcke und André Poggenburg hatte sich zum Sturz von Bernd Lucke organisiert und Pegida zum natürlichen Verbündeten erklärt. Ihnen ging es mit der Erfurter Resolution vom März 2015 um die Entwicklung einer »fundamentaloppositionellen Bewegungspartei« (Höcke), um eine »grundsätzliche, patriotische und demokratische Alternative zu den etablierten Parteien, als Bewegung unseres Volkes gegen die Gesellschaftsexperimente der letzten Jahrzehnte, als Widerstandsbewegung gegen die weitere Aushöhlung der Souveränität und der Identität Deutschlands«.

Diese *erste Stufe* der Radikalisierung schlug sich dann im Sturz von Bernd Lucke und der Übernahme der Macht durch Frauke Petry im Sommer 2015 in Essen nieder.

Die *zweite Stufe* der Radikalisierung markierte der Stuttgarter Parteitag am 30. April und 1. Mai 2016, auf dem das Grundsatzprogramm verabschiedet wurde und eine der zentralen Weichenstellungen die Haltung zum und den Umgang mit dem Islam betraf. In der Debatte um das Grundsatzprogramm wurde die Hetze deutlich: Hans-Thomas Tillschneider erklärte, der Islam sei »nicht aufklärungsfähig«, und er wolle auch nicht, dass »er aufgeklärt werde«. Er verteufelte so die Gesamtheit der in Deutschland lebenden, zu 99% gesetzes- und grundgesetztreuen Muslime. Dafür erhielt er, wie bei vergleichbaren Reden auf Parteitagen vergangener Zeiten, tosenden Beifall. Niemand aus der Führungsriege – weder Frauke Petry, noch Gauland, schon gar nicht Höcke – intervenierte. Als dann ein Parteimitglied aus Lüneburg darauf hinwies, dass es bei ihm vor Ort einige positive Erfahrungen mit der kleinen muslimischen Gemeinde gegeben habe, ertönten ebenso tosende Buhrufe. Dieses Mitglied hat alsbald die Partei verlassen.

Im April 2017 wurde kurz vor dem Beginn des Bundestagswahlkampfs die Parteisprecherin Frauke Petry entmachtet – die *dritte Stufe* und ein weiterer Sieg des »Flügels« um die Achse Höcke-Gauland.

Die *vierte Stufe* erfolgte nach den für die Partei erfolgreichen Bundestagswahlen im September 2017, als sich der um Pragmatismus bemühte Georg Pazderski nicht als Ko-Sprecher durchsetzen ließ und Alexander Gauland, um den Parteitag im Dezember 2017 zu retten, einsprang.

Schließlich zementierte der Parteitag vom 30. November und 1. Dezember 2019 in Braunschweig die Dominanz des »Flügels«, auch durch die Wahl von Andreas Kalbitz in den Vorstand und die Nicht-Wiederwahl derjenigen, die sich – wie Kay Gottschalk – gegen den »Flügel« gewandt hatten.

Zunahme fremdenfeindlicher, rassistischer und gewaltorientierter Einstellungen

2016 wiesen Andreas Zick und Beate Küpper in ihrer soziologischen Studie darauf hin, dass die Abwertung von Einwanderern, Asylsuchenden und Muslimen immer häufiger und deutlich direkter erfolgt. Die Entfesselung von Ressentiments gegen Flüchtlinge hatte eine Atmosphäre der Gewalt etabliert. War es im Oktober 2014 »nur« das Ressentiment, handelte es sich eineinhalb Jahre später in Teilen der Gesellschaft um eine Normverschiebung, in der es zum Selbstverständnis gehört, auch Gewalt gegen die beschworenen Gefahren auszuüben – eine gewalthaltige »Antimoral« wurde propagiert.

Wie der Hass funktioniert, illustriert eine Studie, in der die Kommentare und Interaktionen auf der Facebook-Seite der Pegida-Bewegung im Jahr 2015 untersucht werden.[9] So zeigt die Analyse einer Zufallsauswahl von 1.000 Kommentaren, dass die Aussagen über Flüchtlinge, Migranten und Muslime auf kollektive Abwertung, De-Legitimation und Schuldzuweisungen abzielten und Flüchtlinge pauschal, als Kollektiv, zu »Invasoren« gemacht wurden, die das Land zerstören würden. Inzwischen ist Hass im Internet zu einem »digitalen Brandbeschleuniger« der Entfesselung von Stimmungen und der Aufforderung zu Straftaten geworden.

Wie verbreitet fremdenfeindliche, rassistische und gewaltorientierte Einstellungen sind, wird von den renommierten Soziolog*innen an den Universitäten in Bielefeld und Leipzig belegt (Decker/Brähler 2018, 2020, siehe Kasten).

---

[9] Vgl. Hannes Munzinger u.a.: Facebook-Auswertung: Das gefährliche Weltbild von Pegida, 4.2.2016, www.sueddeutsche.de/politik/facebook-auswertung-das-gefaehrliche-weltbild-von-pegida-1.2835993

Autoritäre Einstellungen – wie und in welchem Maße verändern sie sich?
An den Studien von Decker/Brähler lassen sich exemplarisch Entwicklungslinien aufzeigen:

»*Chauvinismus*« (eine rabiate Verteidigung nationaler Interessen) ist zwischen 2014 und 2018 von 13% auf 19% gestiegen. Der Anteil der manifest ausländerfeindlich Eingestellten ist insgesamt zwischen 2014 und 2018 von 18,1% auf 24,1% angestiegen, im Osten von 22,4% auf 30,9%!

Der schon zuvor verbreitete *Antiziganismus* (gemessen an der Zustimmung zur Aussage: »Ich hätte Probleme damit, wenn sich Sinti und Roma in meiner Gegend aufhalten«) stieg im selben Zeitraum von 55,3% auf 56%, im Osten von 58% auf 60,3% (Decker/Brähler 2018: 103).

Die *Abwehr von Asylbewerbern* und – besonders inkriminierten – *Muslimen* ist im Gefolge einer entsprechenden öffentlichen aggressiven Dynamik diesen Gruppen gegenüber ebenfalls noch einmal angestiegen.

Wer Migrant*innen, Muslim*innen und Asylsuchenden feindlich gegenübersteht, zeigt auch zu einem höheren Anteil *Gewaltbereitschaft*: Diejenigen, die Muslimen gegenüber feindlich eingestellt sind, bejahen das zu 11%, jene, die Asylsuchende ablehnen, zu ebenfalls 11%, und diejenigen, die gegenüber Juden negativ eingestellt sind, sogar zu 16% (vgl. Decker/Brähler 2018).

In der Nachfolgestudie von Decker und Brähler (2020)* zeigt sich, dass diese Dimensionen im Jahr 2020 zum Teil erheblich zurückgegangen sind: beim Chauvinismus von 19 auf 14,1%, bei Ausländerfeindlichkeit von 24,1 auf 16,5% und beim Antizionismus etwa von 56 auf 41,9%.

Zentrale Ergebnisse werden bei idw-online vom 18.11.2020 zusammengefasst: »Die Ausländerfeindlichkeit in Deutschland hat abgenommen, aber es gibt ein dauerhaft hohes Niveau bei rechtsextremen Einstellungen. Zu beobachten ist zudem eine Radikalisierung und Enthemmung unter extremen Rechten. (...)

* Weitere Ergebnisse dieser Studie werden herangezogen in Kapitel 4.

Die aktuelle Studie zeigt außerdem, dass die Zustimmung zu tradiertem Antisemitismus bundesweit leicht rückläufig ist, ebenso die Abwertung von Muslimen. ›Aber wir dürfen uns nichts vormachen, wir verzeichnen bei manchen Fragestellungen weiterhin ein erschreckend hohes Niveau an Zustimmung«, berichtet Professor Elmar Brähler. So stimmten mehr als ein Viertel der Befragten der Forderung zu, dass ›Muslimen die Zuwanderung nach Deutschland zu untersagen‹ sei.

Mehr als die Hälfte der Studienteilnehmer sagten Ja zu dem Satz ›Sinti und Roma neigen zur Kriminalität‹. 47% der Befragten fühlen sich ›durch die vielen Muslime manchmal wie ein Fremder im eigenen Land‹ (2018: 55%). Ähnlich ist es bei bestimmten Erscheinungsformen des Antisemitismus. So äußerten zehn Prozent der Befragten Verständnis dafür, dass ›manche Leute etwas gegen Juden haben‹, und 41% meinen, dass ›Reparationszahlungen nur einer Holocaust-Industrie‹ nützten (2018: 36%).«

Fanal der Gewalt vom 1. September 2018 in Chemnitz. AfDler und Hooligans

Am 1. September 2018 machte die AfD in Chemnitz – mit ihrem ostdeutschen »Spitzenpersonal« in Gestalt von Björn Höcke und Andreas Kalbitz – gemeinsame Sache mit dem Rassisten Lutz Bachmann von Pegida und der rechtsextremen Bewegung Pro Chemnitz; gewalttätige Hooligans waren ebenfalls an der Demonstration beteiligt. Ein derartiges koordiniertes Vorgehen einer in den Bundestag gewählten Partei geschah zum ersten Mal seit 1949. Die Tatsache, dass die Polizei in der Stadt kurz zuvor, am 27. August, nach der Tötung des Deutsch-Kubaners Daniel H. in die Defensive geraten war, hatte den Beteiligten den Anschein vermittelt, sie könnten dort relativ unbehelligt gewalttätig agieren. In diesen Tagen und in der Folgezeit kam es in Chemnitz zu einer Kette rassistischer und antisemitischer Handlungen: vom Zeigen des Hitlergrußes über Rufe »Deutschland den Deutschen«, »Ausländer raus«, »Adolf Hitler« bis zu antisemitischen und rassistischen Gewalttaten gegen Geflüchtete sowie gegen jüdische, persische und türkische Restaurants. Es bildete sich ein Mob, der sich zeitweise von jeder Kontrolle frei sah und zu einem von den Anhängern gefeierten Sieg der Straßengewalt sowie zu einer Stärkung der terroraffinen Netzwerke und einer neuen Gewaltwelle beigetragen hat. Die gleichzeitige Präsenz der Bundestagspartei AfD und terroraffiner Formationen stellte eine neue Stufe der Eskalation dar – begleitet von der irritierend verharmlosenden und bagatellisierenden Haltung des damals noch im Amt befindlichen BfV-Präsidenten Hans-Georg Maaßen.[10]

Die Ereignisse in Chemnitz offenbarten ein Ineinander von Sprache und Gewalt, von Taten und Worten, sie waren ein demonstratives Zeichen für noch mehr Agitation und Gewalt, ein Zusammenspiel derer, die mit Worten Brand stiften, und derer, die diese Worte in unmittelbare Gewalt verwandeln. Daraus ergab sich ein Fanal für die dann geplanten und durchgeführten Taten, insbesondere für den Mord an Walter Lübcke in Kassel am 2. Juni 2019 und die Bildung neuer gewaltbereiter Gruppen.

Unmittelbar nach dem 1. September 2018 begann eine neue Welle rassistischer Gewalt. Es gehört zu den mutigen Entscheidungen in Teilen der Generalbundesanwaltschaft, eine gerade neu gebildete Gruppe, »Revolution Chemnitz«, die auf ihren Chats beobachtet wurde und am 15. September einen vergleichswei-

---

[10] Maaßen entpuppte sich in dem Zusammenhang als das, was er immer gewesen war: ein rechtspopulistischer Verschwörungsideologe. Nicht nur zweifelte er haltlos die Echtheit eines Videos an, das die Hetzjagden dokumentierte. Er sprach in einer Sitzung mit europäischen Geheimdienstmitarbeitern am 18.10.2018 von »linksradikalen Kräften« innerhalb der SPD. Seit seiner Entlassung im November 2018 agitiert Maaßen weiter mit demokratiefeindlichen Äußerungen und lässt mit Bemerkungen wie »ich bin vor 30 Jahren nicht der CDU beigetreten, damit heute 1,5 Mio. Araber nach Deutschland kommen« (Stern, 1.7.2019) durchblicken, mit welcher inneren Haltung er über all die Jahre sein Amt als »Dienstleister der Demokratie« ausgeführt hat. Überdies hat er neben dem langjährigen Geheimdienstkoordinator der Bundesregierung Klaus-Dieter Fritsche und weiteren Geheimdienststrategen wie August Hanning die Aufklärung des NSU-Terrors entschieden zu behindern versucht (vergleiche Funke 2017).

se kleinen Gewaltakt vollzogen hatte, Anfang Oktober 2018 als terroristische Vereinigung festzusetzen. Das geschah auch deswegen, weil sie zum Einheitsfest in Berlin am 3. Oktober 2018 einen großen Anschlag vorbereitet hatte, den sie der Linken in die Schuhe schieben wollte, um in einer dabei voraussichtlich entstehenden Atmosphäre des Chaos noch mehr Gewaltakte zu entfesseln. Offen ist, ob die Verhaftung im Wissen darüber geschah, dass es längst spezifische Netzwerke in den Sicherheitsorganen sowohl der Bundeswehr wie der Polizei gibt, die sich bewaffnet auf einen solchen »Tag X«, die große bürgerkriegsähnliche Eskalation, vorbereiten. Typisch für die Gruppe *»Revolution Chemnitz«* ist, dass sie aus alten Gewaltkadern und aus neu gewonnenen Anhängern besteht, die sich durch die Zuspitzung der Ereignisse vor Ort motiviert fühlten, nun als Terrorgruppe zuzuschlagen. Einige ihrer Aktivisten hatten schon mehr als zehn Jahre zuvor im »Sturm 34« – einer Gruppe nach dem Vorbild der SA – in Mittweida nahe Chemnitz mit ihren schweren Gewalttaten eine ganze Region in Angst und Schrecken versetzt, ohne dass zunächst angemessen gegen sie vorgegangen wurde. Ältere wie junge Mitglieder sahen sich nun in ihrer Entschlossenheit bestärkt, einen bewaffneten Umsturz zu planen.

Mit der demonstrativen Verbindung zwischen der ostdeutschen Führung der AfD und den Rechtsextremen um *Pro Chemnitz* sowie den terroristischen Hooligans am 1. September 2018 in Chemnitz überschritten die »Flügel«-Protagonisten öffentlich den braunen Rubikon. Mit diesem Fanal lösten sie wissentlich eine neue Welle von Gewalt und Terror aus, ohne im Nachhinein diese Radikalisierung auch nur im Ansatz einzudämmen oder ihr gar zu widersprechen. Unmittelbar nach diesem Auftrieb explodierten die Fallzahlen rechter Gewalt.

Gaulands Verhalten entsprach diesem Fanal. Er verschob die Grenzen des Sagbaren, indem er nach den Chemnitzer Ereignissen behauptete, Hass sei keine Straftat. So sagte er am 12. September 2018 in der Sitzung des Deutschen Bundestags: »Hunderte Chemnitzer machten spontan von ihrem demokratischen Grundrecht auf Versammlungsfreiheit Gebrauch, taten ihre Empörung über die Folgen der Einwanderungspolitik der Kanzlerin kund.« Er unterschlägt, dass diese Demonstration zu einem Exzess an Gewalttaten beigetragen hat, um die Gewalt, allgemein, versteht sich, im nächsten Satz zu rechtfertigen: *»Hass ist erstens keine Straftat und hat zweitens in der Regel Gründe.«* Damit wird nahegelegt, dass begründeter Hass auch begründete Straftaten erzeuge – so sind die Taten am Ende nicht einmal Straftaten gewesen, sondern nur Ausdruck der berechtigten Empörung über die Einwanderungspolitik der Kanzlerin. Es zeigt sich das Ungeheure dieser Logik des auf seinen Status als »Volljuristen« stolzen Abgeordneten: Wenn Hass Gauland begründet erscheint, ist alle Gewalt legitim – eine totale Perversion des Rechtsstaats.

Mörderische Eskalation des Hasses gegen den Regierungspräsidenten von Kassel, Walter Lübcke

Der erste durch Rechtsextremisten in der Bundesrepublik ausgeübte Mord an einem Politiker, dem Walter Lübcke am 2.6.2019 zum Opfer fiel, ist als Folge agitatorischer und gewalttätiger Eskalation zu sehen.[11] Die höhnischen Kommentare im Internet

[11] Mark Stöhr verwies in seiner Kritik an der TV-Sendung »hart aber fair« vom 1.7.2019 auf einen darin eingespielten Tweet der AfD, den diese zwei Tage nach der Rede Walter Lübckes (mit der Passage »Wer diese Werte nicht vertritt, der kann jederzeit dieses Land verlassen«) abgesetzt hatte. »›Noch ist es unser Land, Herr Lübcke‹, hieß es dort, darunter eine Latte übelster Hetzkommentare (›Der gehört sofort erschossen‹). Fast vier Jahre war das Posting mit allen Mordaufrufen online und wurde erst am 20. Juni 2019 gelöscht – für Uwe Junge nichts weiter als ein dummes Versäumnis. Was er bei all den ›überzogenen Reaktionen‹ der Kommentatoren aber auch sagen müsse: ›Es waren harte Äußerungen von Lübcke.‹ [Der Journalist] Georg Mascolo hatte von dem ganzen Lavieren und Relativieren irgendwann genug. ›Wenn Gewalt angewendet wird‹, sagte er, ›beginnen Sätze nicht mit ›Ja, aber …‹, sondern mit ›Hier endet es‹.« Zu jeder Form von Gewalt gehöre auch eine Form von gewalttätiger Rede – etwas, das man in der AfD häufig finde. Und weiter: ›Ich habe nie einen Post von Ihnen oder Erika Steinbach gesehen,

nach der Tat zeigten, wie entfesselt ein Teil der radikalisierten digitalen Unterstützer der Rechtsterroristen inzwischen ist. Die AfD Dithmarschen erklärte ihre Sympathie für den Mord (NDR, 5.6.2019). Der AfD-Abgeordnete Ralph Müller erhob sich nicht bei der Trauerminute im bayerischen Landtag (BR24, 27.6.2019), und der völlig radikalisierte Antisemit und Abgeordnete im baden-württembergischen Landtag, Wolfgang Gedeon, sprach in der Debatte über den Mord von einem »Vogelschiss«, den der rechtsextremistische Terror bedeute (swr aktuell, 27.6.2019).

Walter Lübcke war von Mitte Februar 2019 bis zu seiner Ermordung am 2. Juni 2019 einer Hetzkampagne vor allem in den sozialen Medien ausgesetzt. Es war die Präsidentin der AfD-nahen Desiderius-Erasmus-Stiftung, Erika Steinbach, deren Posting gegen Lübcke zusammen mit den Reaktionen darauf – siehe das Zeigen einer Walther-Pistole – wie ein Mordaufruf wirkte. Dieses Posting war bis Mitte Juni 2019 nicht gelöscht, und es war eben nicht nur eine Meinungsäußerung, die sie nicht eingeschränkt sehen wollte: Bildlich gesprochen legte der eine die Waffe aufs Posting, der andere grub sie aus seinem Erdloch. Es ist für die Entwicklung der demokratischen politischen Kultur entscheidend, diesen indirekten – nicht juristisch, aber gesellschaftlich höchst relevanten – Zusammenhang einer Mitverantwortung anzuerkennen: Denn politische Morde finden gehäuft in Zeiten aufgeheizter, ja aufhetzender Stimmungsmache statt. Dies gilt für die Morde an Walter Rathenau und an Matthias Erzberger in den frühen 1920er Jahren,[12] an Yitzhak Rabin im November 1995 oder an dem Danziger Oberbürgermeister Paweł Abramowitz Anfang

in dem es heißt: ›Das reicht. Auf meiner Plattform werden keine Menschen bedroht.‹« (stern-online vom 2.7.2019, www.stern.de/kultur/tv/tv-kritik-zu--hart-aber-fair---ex-nsu-opfer-anwalt-entlarvt-afd-politiker-uwe-junge-8779214.html)

[12] Wir wissen schon aus den Krisen der frühen Weimarer Republik, wozu Worte führen können. Bereits im Frühherbst 1919, lange vor Abfassung von »Mein Kampf« 1924, hatte Adolf Hitler in einem Brief an Adolf Gemlich sein programmatisches Ziel einer antijüdischen Politik definiert: Kurzfristig müssten die Juden ihrer Bürgerrechte beraubt

2019 bis zu dem Mordversuch an Henriette Reker im Oktober 2015 – letzterer stellvertretend für einen Mordversuch an Angela Merkel gedacht. Daher ist es ein Nachweis politischer Verantwortung, einerseits Kritik an missliebigen Gegenständen wie der Flüchtlingspolitik üben zu können, aber dies ohne Volksverhetzung zu tun.

Der Mord an Walter Lübcke ist mutmaßlich von einem Täter verübt worden, der im Hotspot der terrorbereiten Szene im Umfeld von Combat 18 (C18) in Kassel lebte und agierte. *Stephan Ernst* erklärte in seinem später widerrufenen, gleichwohl von der Anklagebehörde ernst genommenen Geständnis, dass er den Mord seit langem als Antwort auf die Flüchtlingspolitik des Ermordeten angedacht bzw. geplant habe. Er agierte exakt nach den Vorstellungen terroristischer Formationen wie C18, die in den rassistischen »Turner-Tagebüchern« formuliert worden sind: Im Zweifel allein, aber gebunden an die Ideologie des rechten Terrors und seiner Netzwerke sowie entsprechende örtliche bzw. regionale Szenen wie in Kassel: in Form eines führerlosen »Widerstands«, wie wir ihn auch von den ideologischen Konzepten des nationalsozialistischen Untergrunds (NSU) kennen. Zu diesem Szene- und Kontakt-Netz in und um Kassel gehört das Who's who der C18 und der mutmaßlichen NSU-Unterstützerszene.[13]

Im Einzelnen:[14] Stephan Ernst war ein Freund des Kasseler Nazis Benjamin G., eines V-Manns mit dem Decknamen *Gemüse* unter dem Anführer Andreas Temme. Benjamin G. gehörte über Jahre zur Neonazi-und Hooligan-Szene von Kassel und berichtete seinem Anführer auch über Markus Hartmann, eine weitere rechte Szenegröße in dieser Stadt. Markus E., Mike S. und Stephan Ernst waren etwa im August 2002 an (Gewalt-)Ak-

---

werden. »Das letzte Ziel aber muss unverrückbar die Entfernung der Juden überhaupt sein.«

13 Vgl. Spiegel online vom 26. Juni 2019; Aust/Laabs 2019 und meine Sachverständigenanhörung im NSU-Untersuchungsausschuss des hessischen Landtags Anfang 2015, unter anderem über die nordhessische Gewalt- und Terrorszene.

14 Im Folgenden nach Aust/Laabs 2019.

tionen beteiligt. Über Markus Hartmann standen sie in Kontakt mit Thorsten Heise, einem der Vordenker der inzwischen verbotenen rechten Kampftruppe C18. Er wurde vom BKA zudem als Anführer der »Arischen Bruderschaft« angesehen und C18 als »eine Art Elite oder übergeordnet organisierte Kameradschaft mit entsprechendem Bekanntheitsgrad« eingestuft (Aust/Laabs).

Von ähnlichem Zuschnitt ist die »Artgemeinschaft – Germanische Glaubens-Gemeinschaft wesensgemäßer Lebensgestaltung«, einst von Jürgen Rieger gegründet. Sie steht in der Tradition der krudesten Rassenideen Heinrich Himmlers. Stephan Ernst war eines ihrer Mitglieder (vgl. Welt am Sonntag, 30.6.2019), ebenso der maßgebliche NSU-Unterstützer Ralf Wohlleben und dessen Freund Jens Bauer, der gegenwärtige Leiter der Artgemeinschaft, bei dem Ralf Wohlleben wohnt. Vier der fünf Angeklagten, die im Münchener NSU-Prozess verurteilt worden sind, unterhielten nachweislich freundschaftliche Beziehungen zu Mitgliedern der Gemeinschaft oder nahmen an deren Veranstaltungen teil. Neben Wohlleben waren dies Beate Zschäpe, Holger Gerlach und André Eminger. (Ebd.) Der letzte Eintrag zu diesen Kontaktnetzen von Stephan Ernst ist aus dem Jahr 2011, also zwei Jahre, nachdem den Aussagen des BfV zufolge Stephan Ernst angeblich nicht mehr auf dem Schirm der Verfassungsschützer zu sehen war.

In Bezug auf den auffordernden Charakter von Sprache und Agitation für den mutmaßlichen Mörder Stephan Ernst hebt der Bundesgerichtshof in seinem Beschluss zur Verlängerung der U-Haft des mutmaßlichen Mittäters Markus Hartmann hervor, dass bei einer Wohnungsdurchsuchung das Buch von Akif Pirincci mit dem Titel »Umvolkung: Wie die Deutschen still und leise ausgetauscht werden« (2016) aufgefunden wurde.[15] Darin wurde in einem Satz »der Name des Tatopfers (Lübcke) mit einem Textmarker gelb markiert«. Diese Hetzschrift ist von Götz Kubitschek in seinem Antaios Verlag veröffentlicht worden. Selten war der

---

[15] Die ausführliche Begründung des Beschlusses des Bundesgerichtshofs vom 22. August 2019 ist mir zur Vorbereitung eines Vortrags für eine Tagung des Bundesjustizministeriums zugänglich gemacht worden.

Konnex zwischen schließlicher Tat und der aufhetzenden Sprache von Akif Pirincci, dem Posting Erika Steinbachs vom Februar 2019, der je neu gesteigerten entfesselten Aggression von Stephan Ernst und der lang avisierten und dann entschieden durchgeführten Tat so eng. Zwar bewirken Worte nicht unmittelbar Gewalttaten. Handlungen und ihre Motive sind jedoch stets sprachlich vermittelt, in diesem Fall durch eine indirekte, aber zunehmende Interaktion zwischen Worten, Resonanzraum und Taten.

Antisemitismus

Gewiss, Geschichte wiederholt sich nicht, aber die Signale, die vor allem Höcke setzt, sind die einer neuen faschistischen Bewegung. Er und seine Mitstreiter hetzen ohne jede Rücksicht gegen alle größeren ethnischen und religiösen Minderheiten. Sie haben es zugelassen, dass der radikale Antisemit und – seit 2016 fraktionslose – AfD-Abgeordnete im Landtag von Baden-Württemberg, Wolfgang Gedeon, weiter sein politisches Unwesen treiben konnte, bevor er im März 2020 aus der AfD ausgeschlossen wurde. In seinem 2012 erschienenen Buch »Der grüne Kommunismus und die Diktatur der Minderheiten« hatte er geschrieben: »Wie der Islam der äußere Feind, so waren die talmudischen Ghetto-Juden der innere Feind des christlichen Abendlandes.« Der »innere Feind« (der Jude) würde heute den Westen dominieren, während der »äußere Feind« (der Islam) via Masseneinwanderung zur inneren Zersetzung des Landes beitrage. Zudem ist in keiner Anhängerschaft einer Partei der sekundäre (Nachkriegs-)Antisemitismus so verankert wie in jener der AfD.[16]

---

[16] Vgl. dazu: »Bundestagspräsident Wolfgang Schäuble (CDU) gab der AfD indirekt eine Mitverantwortung für den zunehmenden Antisemitismus in Deutschland. Zwar habe sich die Partei in ihren offiziellen Äußerungen immer klar gegen Antisemitismus gestellt. Aber wenn jedes Problem auf Migration zurückgeführt werde, gerate man unweigerlich auf eine Eskalationsschiene, in der es generell gegen Minderheiten gehe – und am Ende eben auch gegen Juden.« (Deutschlandfunk,

2. Der AfD-Block im Osten

In allen fünf Ländern Ostdeutschlands hat die AfD in den letzten Landtagswahlen Erfolge von rund 20% – und zum Teil, wie in Sachsen, weit über 25% – der Wähler*innenstimmen erreicht. Sie stellt damit so etwas wie einen Block im Osten dar, dem es gelingt, die Koalitionsfähigkeit der demokratischen Parteien untereinander – wie in Thüringen Anfang 2020 und Anfang Dezember 2020 in Sachsen-Anhalt – erheblich in Gefahr zu bringen. In Thüringen gelang es dem besonders radikalen Landesverband mit der Wahl des FDPlers Kemmerich zum Ministerpräsidenten, die demokratische Front gegen einen besonders rechtsextremen Landesverband zu durchbrechen – wenn auch nur für einen Monat,[17] in Sachsen-Anhalt konnte sich die sogenannte Kenia-Koalition aus CDU, SPD und den Grünen nur dadurch halten, dass Ministerpräsident Reiner Haseloff (CDU) einen Antrag auf Abstimmung in Sachen Rundfunkgebühren in letzter Minute zurückzog.

Dieser Block ist das Resultat eines größeren Anteils von rechtsautoritären Einstellungen, die teils noch aus der Zeit der ehemaligen DDR herrühren, teils aus schwierigen und belastenden, oft traumatischen Umständen der Einigungsfolgen für einen großen Teil der ostdeutschen Bevölkerung zu erklären sind.

Die AfD gewann bei den Landtagswahlen im Jahr 2019 am 1. September in Brandenburg ein glattes Viertel, ebenfalls am 1. September in Sachsen fast 27% und am 27. Oktober in Thüringen 24% der Wählerstimmen – eine Partei, die bis in ihre Spitzen-

---

25.7.2019) Mit Höcke und seinem »Flügel« ist die AfD keine bürgerliche Partei, sondern ein »Monster«, wie schon im November 2015 Hans-Olaf Henkel, einer der Gründer dieser Partei, feststellte. Hierzu ist zu ergänzen: In keiner Anhängerschaft einer Partei ist die Bereitschaft, antisemitisch zu sein, so hoch wie in der AfD: Nach einer Umfrage des Allensbach-Instituts vom Juni 2018 glaubt eine Mehrheit von 55% der AfD-Anhänger*innen, dass Juden und Jüdinnen »zu viel Einfluss auf der Welt« haben.

[17] Vergleiche dazu näher Kapitel 4.

positionen rassistisch, nach Interpretation des Bundesamts für Verfassungsschutz rechtsextrem ist und mit Andreas Kalbitz in Brandenburg einen neo-nationalsozialistischen Spitzenkandidaten aufgestellt hatte.[18]

Obwohl diese Tatsachen auch in Brandenburg durchaus bekannt waren, hatte dies für die AfD-Wähler*innen offenkundig keine Bedeutung – trug allerdings dazu bei, dass viele Wähler*innen sich zur Verhinderung des ersten Platzes für die AfD für ein taktisches Wahlverhalten zugunsten des SPD-Kandidaten Dietmar Woidke entschieden und somit gerade noch eine Brandmauer gegenüber einem weiteren Durchmarsch der AfD unter dem Neonazi Kalbitz gebildet werden konnte.

Die verständliche und begründete Kritik vieler Bürger*innen an den enormen Schwächen der Demokratie und der demokratischen Parteien wird in den Händen des radikalnationalistischen Spitzenpersonals für eine andere, autoritäre und ethnisch »reine« Ordnung missbraucht. Dieses Ziel machten die Parteioberen, nicht selten begleitet von einem beifälligen Nicken der Medien, durch eine Selbstverharmlosung unsichtbar: Wir sind »bürgerlich und konservativ«, nichts mehr und nichts anderes, so unisono die am Wahlsonntag befragte Spitze der AfD. In Brandenburg wurde die Partei von 30% der Männer (und 17% der Frauen) gewählt, sie erlangte überdurchschnittlich viele Stimmen in den Altersstufen zwischen 24 und 60 Jahren und vor allem dort, wo es besonders starke Erfahrungen mit Ungleichheit, Abgehängtsein und sich selbst überlassenen Regionen gibt: an der Grenze zu Polen, in weiten Landstrichen außerhalb der urbanen Zentren. Vor

[18] In drei ostdeutschen Ländern stehen 2021 Landtagswahlen an (in Klammern Umfragewerte für die AfD Ende 2020): am 25.4. in Thüringen (AfD 22%), am 6.6. in Sachsen-Anhalt (AfD 23%). Im Herbst wird zudem der Landtag in Mecklenburg-Vorpommern (AfD 15%), am 26.9. das Abgeordnetenhaus in Berlin (AfD 12%) neu gewählt. Im Westen werden wichtige Weichenstellungen auch für die AfD die Landtagswahlen in Baden-Württemberg am 14. März (AfD 12%) und am selben Tag in Rheinland-Pfalz (AfD 11%) sein. Der reguläre Wahltermin für den Bundestag ist der 26. September 2021 (AfD etwa 9%).

allem im Süden Brandenburgs erlangte sie Zuspruch angesichts der als Trauma beschworenen Gefahr, dass die ganze Region mit ihrer Braunkohleindustrie keine Zukunft habe. Relative Mehrheiten erreichte die Partei zudem unter Arbeitern und Arbeitslosen.

Die *Märkische Allgemeine Zeitung* (MAZ)[19] fragte kurz nach den Wahlen in Hirschfeld im Landkreis Elbe-Elster in Brandenburg, wo 50,6% der Wähler*innen für die AfD gestimmt hatten, nach. Sie erfuhr, was auch anderen Umfragen zu entnehmen ist: Viele fühlten sich marginalisiert, unbeachtet und suchten nach einfachen Lösungen. Ganz ähnlich in der sächsischen Gemeinde Neißeaue, wo die AfD 48,4% der Wählerstimmen holte. Die Gemeinde sei »klamm, Straßenlaternen werden nachts abgeschaltet«, die Straße zum nächsten Ort müsse dringend saniert werden. Es gebe zu wenig Ärzte, viele Wölfe und Grenzkriminalität. Der langjährige CDU-Wähler Falk Klose berichtet, er habe bei der Europawahl im Mai 2019 die AfD gewählt. »Ich habe 43 Jahre wie ein Ochse gearbeitet, auch an den Wochenenden. Was bekomme ich als Rente? 780 Euro.« Nun aber habe er wieder CDU gewählt. Er erklärt: »Wir sind hier nicht rechts. Aber die Dörfer wurden im Freistaat über Jahre vernachlässigt. Die CDU hat jahrelang geschlafen.« Dass er nun CDU gewählt habe, liege daran, wie Ministerpräsident Michael Kretschmer die Probleme anpacke. Allerdings hätten Bekannte der AfD mehr vertraut. Hinzu kam, dass die AfD in ihren Dörfern aktiv auf Stimmenfang ging.

»Ja, der ländliche Raum wurde vergessen, aber wenn ich sehe, was der Ministerpräsident in seiner Amtszeit angeschoben und umgesetzt hat, mit wie vielen Bürgern er ins Gespräch gekommen ist, dann verstehe ich das Wahlergebnis nicht«, so die Bürgermeisterin Evelin Bergmann: Die Turnhalle könne endlich saniert, mithilfe des Freistaats könnten Straßen gebaut, Ausstattung für Kitas und Feuerwehr gezahlt werden. Gleichzeitig gibt es weiter eine hohe Unzufriedenheit. Die Gegend sei überaltert. Nach der Wende brach die einst florierende Textilindustrie zusammen –

---

[19] MAZ, 3.9.2019: Warum so viele Menschen in Hirschfeld und Neißeaue die AfD wählten.

viele verloren ihren Job. Nicht wenige wandten sich dann der Partei zu, die verspreche, etwas dagegen zu tun – wie eben die AfD.

Fusion von Enttäuschungen und Ressentiments

Am Beispiel dieser kleinen Gemeinden mit den jeweils höchsten AfD-Wahlergebnissen in Brandenburg und Sachsen wird deutlich: Ursachen sind konkrete Probleme der Vernachlässigung durch die demokratischen Parteien und die allgemeine Erfahrung, dass nach der Einigung in Ostdeutschland zu viel zusammengebrochen ist und nicht mehr kompensiert werden konnte – darin lag gewiss zum Teil ein Versagen der DDR, aber eben auch der Politik seit 1990. Dass Menschen gehäuft die AfD wählen, resultiert aus diesen kumulativen Erfahrungen der Chancenlosigkeit, insbesondere in den Randgebieten der Länder und im ländlichen Raum. Sie führten zu Formen gelernter Hilflosigkeit, die sich schließlich zu einem allgemeinen Gefühl von Distanz gegenüber der Demokratie entwickelt haben.

Großen Teilen der AfD-Wähler*innen ist bewusst, dass sie zugleich die extreme Rechte wählen. Dies liegt teils daran, dass sie lang tradierte fremdenfeindliche und radikalnationalistische Überzeugungen teilen oder dass diese ihnen gleichgültig sind. Entscheidend ist, dass die ostdeutsche AfD an rechtsextremen Positionen ausgerichtet ist und dass sie seit Jahren aus dieser Haltung heraus in der Bevölkerung verbreitete Stimmungen der Distanz, der Fremdenfeindlichkeit oder des Rassismus agitatorisch entfesselt, radikalisiert und die Erfahrung des Zukurzgekommenseins mit der wütenden Entschlossenheit, es den Sündenböcken zu zeigen, verbindet. In diesem Sinne reicht es nicht, zwischen Enttäuschungen und Überzeugungen zu unterscheiden, vielmehr sind diese Enttäuschungen nicht nur als soziale, sondern zunehmend als fundamentale, gegen die Demokratie und die Rechte der Minderheiten gerichtete Einstellungen zu interpretieren. Immerhin ist es den demokratischen Parteien gelungen, mit dem praktizierten Ernstnehmen der Probleme auf dem Land einen noch weitergehenden Sieg der rechtsextremen Bewegung im Osten gerade noch zu verhindern. Das zeigen auch die in der MAZ vom 3.9.2019 angeführten Beispiele für ein unterschiedliches Wahlverhalten in den beobachteten Dörfern.[20]

Krisen- und ressentimentanfällige Demokratie in Thüringen. Radikalisierung der rechten Ränder

Mit dem seit 2001 erhobenen *Thüringen Monitor* existiert ein Instrument, mit dem sich der Resonanzraum an politischen Einstellungen erfassen lässt, die von den Parteien mobilisiert werden können. Damit werden zumindest Ansätze einer Erklärung für die Entstehung der rechten Massenbewegung angeboten. Zwar wird den Erhebungen zufolge die Demokratie als Ideal im Freistaat von stabilen vier Fünfteln in der Bevölkerung akzeptiert – doch immerhin jede/r fünfte Befragte hat offenbar prinzipielle Sympathien für andere Regierungsformen bzw. Gesellschaftsordnungen. Neid, Groll und eben Ressentiments sind zudem in den letzten Jahren besonders stark angestiegen: So sind (nach dem Thüringen Monitor 2018) 53% der Meinung, im Vergleich zu anderen weniger als den gerechten Anteil zu erhalten, 69% glauben die Anliegen der Mehrheit nicht mehr wirksam vertreten zu sehen; 58% sind gegen Langzeitarbeitslose eingestellt – eine erhebliche Steigerung gegenüber 49% zwei Jahre zuvor. 49% glauben: Ausländer kommen nur hierher, um »unseren« Sozialstaat auszunutzen, eine Steigerung um 12% im Vergleich zum Jahr 2016.

[20] Rund zwei Drittel der Wähler*innen behaupten, dass die AfD ausspricht, was die anderen Parteien verschweigen. Zwei Drittel haben zugleich Angst vor dem rechtsextremen Charakter dieser Partei. 60% ihrer Wähler*innen haben nach Umfragen von ARD/infratest dimap die AfD aus Enttäuschung über die anderen Parteien und weniger aus Überzeugung gewählt. Sie sind von den regierenden demokratischen Parteien – von der CDU über die SPD bis zur LINKEN – offenkundig fundamental enttäuscht und glauben, dass diese nicht an einer echten Problemwahrnehmung interessiert sind – ein Desaster.

Bei denen, die ihre Erfahrungen mit der Vereinigung negativ bewerten, sind es gar 79%. 66% derjenigen, die autoritär eingestellt sind, verlangen ein starkes Handeln des Staates und Gehorsam von Kindern (Thüringen Monitor 2018: 126). 58% glauben: Die meisten Asylbewerber befürchten nicht wirklich, in ihrem Heimatland verfolgt zu werden (2016: 56%). 56% glauben, dass die Bundesrepublik »durch die vielen Ausländer in einem gefährlichen Maß überfremdet« sei, und 50% beurteilen das Zusammenleben von Menschen unterschiedlicher Herkunft, Religion und Kulturen in Thüringen als eher schlecht oder sehr schlecht.

Der im Frühjahr 2019 erhobene »Thüringen Monitor 2019« zeigt hierbei einige Veränderungen auf: So hat »die Zufriedenheit mit der demokratischen Praxis (…) mit 63 Prozent« zugenommen. »Auch das Vertrauen in die politischen Institutionen hat im Vergleich zum Vorjahr wieder zugenommen. Dabei wurden für die Polizei mit 73 Prozent und für die Landesregierung mit 43 Prozent jeweils die bisher höchsten Vertrauenswerte seit Beginn der Messung im *Thüringen-Monitor* im Jahr 2000 registriert.« (Thüringen-Monitor 2019)

»Trotz dieser hohen Zufriedenheitswerte mit der Demokratie ist jedoch die Kritik an Parteien und Politiker*innen im Vergleich zum Vorjahr nur minimal gesunken (...): So fühlen fast drei Viertel der Befragten sich und ihre Anliegen nicht mehr wirksam vertreten; ebenfalls drei Viertel der Befragten sind der Ansicht, dass die Parteien nur die Stimmen der Wähler*innen wollen, während deren Interessen nicht beachtet werden.

Zwei Drittel der Befragten sind zudem überzeugt, dass ›Leute wie ich … so oder so keinen Einfluss darauf [haben], was die Regierung tut‹. Insofern artikulieren viele Thüringer_innen seit längerem Elitenkritik und Politikverdrossenheit und empfinden weiterhin deutliche Defizite bei der Responsivität und Repräsentation ihrer Interessen. In einem widersprüchlichen Verhältnis zur gestiegenen Demokratieunterstützung und Demokratiezufriedenheit steht zudem eine gestiegene Unterstützung alternativer Gesellschaftsentwürfe zur freiheitlich-demokratischen Grundordnung der Bundesrepublik sowie Verklärung historischer Diktaturen (Nationalsozialismus, DDR). So stimmen 26% der Aussage ›Der Nationalsozialismus hatte auch seine guten Seiten‹ zu (18% in 2018). 27% bejahen eine ›Rückkehr zur sozialistischen Ordnung‹ und 45% schreiben der DDR mehr gute als schlechte Seiten zu. Der überwiegende Teil dieser Personen empfindet darin keinen Widerspruch zu dem Bekenntnis zur Demokratie als beste Staatsidee.« (Thüringen-Monitor 2019: 7ff.)

»Die Zustimmung zur antisemitischen Aussage ›Die Juden haben einfach etwas Besonderes und Eigentümliches an sich und passen nicht so recht zu uns‹ (ist) 2019 im Vergleich zum Vorjahr von 9% (…) auf 16% angestiegen und liegt auch im mittelfristigen Vergleich der vergangenen fünf Jahre auf einem Höchstwert. Ebenfalls auf einem Höchststand befinden sich die Zustimmungswerte zur Überlegenheit der Deutschen und zur Verharmlosung des Nationalsozialismus. Auffällig ist, dass dieser Anstieg nicht alle Bevölkerungsgruppen in Thüringen gleichermaßen betrifft, sondern insbesondere Thüringer*innen mit geringerem Bildungsgrad, aus mittleren Altersjahrgängen und in kleineren Städten bzw. in Dorfgemeinden mit weniger als 5.000 Einwohnern.« (Ebd: 9)

»Autoritarismus, soziale Dominanzorientierung, Statusverlustangst und kollektive Deprivation (begünstigen) die Ausbildung rechtsextremer Einstellungen.« (Ebd: 10) »Diese erheblichen Veränderungen innerhalb eines Jahres in Richtung neonazistischer Ideen und vermehrten Antisemitismus dürften Ausdruck einer erheblichen politisch gestützten Radikalisierung in Teilen der thüringischen Gesellschaft sein.« (Ebd.)

Schon 2016 deutet Salheiser (2016: 4) »bei großen Minderheiten der Bevölkerung (als) eine fortwährende oder sich sogar verstärkende *Distanzierung und Entfremdung von demokratischen Werten, Institutionen und Praktiken zu beobachten*«. Sie führt zu Resignation und politischer Apathie, sodass antidemokratischen Kräften kein Widerstand entgegengebracht wird (!). Eine Bedrohung der Demokratie erfolgt in der Wahrnehmung großer Teile der Bevölkerung somit nicht nur von den extremistischen Rändern der Gesellschaft aus, sondern im besonderen Maße durch eine »Aushöhlung von innen.« (ebd.).

Ostdeutsche Ungerechtigkeitserfahrungen. Bürger zweiter Klasse

Offenkundig gibt es – keineswegs nur im Osten der Republik – eine grundlegende Ungerechtigkeitswahrnehmung in einem neoliberal dominierten »Kasinokapitalismus« (Helmut Schmidt) – eine zentrale Basis angewachsenen politischen Unbehagens. Sie hat sich mit der Weltfinanzkrise ab 2007 noch einmal ausgedehnt und keineswegs nur Angehörige unterer, sondern insbesondere mittlerer, ja auch sozial gehobener Schichten in Unsicherheit gestürzt. Dieses Unbehagen ist innerhalb des letzten Jahrzehnts, spätestens seit den Thesen Thilo Sarrazins von 2010, aufgegriffen und gegen vermeintliche Sündenböcke aufgeladen worden, zunächst in eher randständigen neonazistischen Parteien und Netzwerken, seit etwa 2014 aber durch breitere reaktionäre rechtspopulistische und rechtsradikale Bewegungen und Parteien wie Pegida und die AfD.

Die demokratischen Parteien haben sich gerade im Osten der Republik über Jahrzehnte auf »Leuchtturm«-Projekte fokussiert. Dabei wurden die zunehmend entleerten Regionen sich weitgehend selbst überlassen und die lokalen Bedürfnisse bei Kreisgebietsreformen (in Mecklenburg-Vorpommern, Thüringen und Brandenburg) lange Zeit mit Gleichgültigkeit bedacht. Damit war ein weiter nachlassendes Vertrauen in die Glaubwürdigkeit und Bereitschaft der Regierenden verbunden, diese Probleme tatsächlich schnell und entschieden anzugehen.

Die Ursache für die Distanz zur Demokratie und zu solchen Versprechen liegt aber noch tiefer: nämlich in dem mehrheitlich getragenen Gefühl, von Westdeutschen und der Einigungspolitik insgesamt als Bürger zweiter Klasse behandelt zu werden. Enttäuscht wurde dabei das Versprechen, dass es – in der Analogie zum einstigen »Wirtschaftswunder« in Westdeutschland – im

Osten bald blühende Landschaften geben werde. Von besonderer Bedeutung ist hierbei die Erfahrung mit der Treuhandanstalt – eine Erfahrung, die darin besteht, dass der solvente Westen die Substanz in der ehemaligen DDR aufgekauft und nicht selten auch stillgelegt hat.[21]

In der Tat gibt es zwischen West und Ost immer noch erhebliche Unterschiede bei Jobs, Internet-Anbindung, Bildung und Versorgung. Lange Zeit war es auch in Brandenburg vorherrschende Politik, »Leuchtturm-Projekte« zu unterstützen und dabei das flache Land zu vernachlässigen – mit dem Argument, dadurch die Wirtschaft effektiver zu fördern. Diese Politik war noch im März 2019 von einem Wirtschaftsinstitut in Halle gegen breite Kritik vertreten worden (IWH 2019): Die Argumentation der Studie lief auf ein Aufgeben besonders wirtschaftlich schwacher ländlicher Gebiete zugunsten städtischer Regionen hinaus und sprach sich gegen das – im Grundgesetz bekräftigte – »Bestehen auf gleichwertigen Lebensverhältnissen in Deutschland« aus.

In den von Vernachlässigung betroffenen Regionen ist die AfD in der Regel stärker als anderswo. Zugleich erkennen viele Bürger*innen, dass eine Angleichung der Renten aussteht, die für einen beträchtlichen Teil, auch der Frauen, zu knapp bemessen sind, und dass jedes fünfte Kind in Armut aufwächst. Nach dem von der Bundesregierung im August 2019 veröffentlichten *Teilhabeatlas* beträgt die durchschnittliche Lebenserwartung von Neugeborenen in abgehängten Regionen nur 79,7, in reichen Großstädten und ihren Speckgürteln 81,7 Jahre. Besonders prekär: In abgehängten Regionen liegt der Anteil aller Schulabgänger*innen ohne Abschluss um 50% höher als in reichen Großstädten und ihren Speckgürteln, nämlich bei 9%. Vielleicht die größte Gefahr: »Wenn es schlecht läuft, könnte eine Abwärtsspirale aus sinkenden Einwohnerzahlen und schwindender Versorgung die Situation weiter verschärfen.« (Teilhabeatlas 2019: 26)

Das Viertel der Wähler*innen, das in den ostdeutschen Landtagswahlen für die AfD stimmte, repräsentiert eine Mischung

---

[21] Vgl. dazu Berichte von Betroffenen in Vinke 2021.

zwischen diesem tief gelagerten Unbehagen und Ressentiment einerseits und rechtsautoritären Einstellungen gegen alles Fremde, die durch dieses Unbehagen gestärkt werden, andererseits. Dabei muss diese Einstellung zunächst gar nicht ausdrücklicher Rassismus sein, sondern kann vor allem mit dem Bedürfnis zu tun haben, irgendetwas Neues, Fremdes aus einer Resignation auf der Basis langer, wiederholter Hilflosigkeits-Wahrnehmungen heraus abschütteln zu wollen. Diese Einstellungen werden durch Bewegungen von rechts aufgeladen und verfestigt (vgl. bereits Zick u.a. 2016). Die Stimmungsmache, die mit den entsprechenden Parteien und ihrer Agitation verbunden ist, eröffnet den besonders radikalisierten Rechten, aus diesen Stimmungen Wut und die Bereitschaft zur scheinbar entlastenden Gewalt zu beziehen und sich gewalttätig weiter zu radikalisieren. Dem korrespondiert das Angebot der extremen neonazistischen Rechten.

Andreas Zick und Anna Klein hatten in der Publikation »Wut, Verachtung, Abwertung« (2015) gezeigt, dass rechtspopulistisch orientierte Befragte eine höhere Gewaltbereitschaft aufweisen und die klassische Differenz zur rechtsextremen Orientierung verschwimmt (zitiert nach Zick u.a. 2016: 69). Die Gewaltbilligung (eine entsprechende Aussage lautet: »Wenn sich andere bei uns breitmachen, muss man ihnen unter Umständen unter Anwendung von Gewalt zeigen, wer Herr im Hause ist«) ist besonders stark bei der Zustimmung zu Etabliertenvorrechten (73%), zur Abwertung von Arbeitslosen (70%) und asylsuchenden Menschen (67%), von Sinti und Roma (55%) sowie bei Muslim- und Fremdenfeindlichkeit (51% bzw. 54%). Aus ihren Befunden schließen die Autor*innen, dass »Menschenfeindlichkeit mit einer aggressiven Feindseligkeit einhergeht.

Gruppenbezogene Menschenfeindlichkeit kann damit ein Scharnier für andere politische Überzeugungen bilden, insbesondere für rechtsextreme Orientierungen, die gewissermaßen die Legitimität der Gewalt mit Ungleichwertigkeitsideologien verbinden und damit ein Weltbild kreieren, welches letztendlich das eigene ›Volk‹ zum Maßstab aller Dinge macht.« (Zick u.a. 71f.) Ein bereits bestehender, gegen »Fremde« gerichteter autoritärer Einstellungsresonanzraum ist seit 2014 und mit der AfD seit 2015 zum Schwingen gebracht und mobilisiert worden. Die solchermaßen Ermutigten und Ermächtigten sehen sich im Kontext dieser Bewegungen in der Masse zur Radikalisierung bereit und oft ausdrücklich dazu aufgerufen. So war es nur eine Frage der Zeit, dass sich dies in Gewalt gegenüber »Sündenböcken« niederschlägt.

Verfestigung und Dynamisierung rechtsextremer Orientierungen

Diese Orientierungen sind, je länger sie bestehen, immer weniger abhängig von wirklichen Wahrnehmungen sozialer Ängste – ein Prozess, den wir bereits für die sich verselbständigende Radikalisierung gewaltbereiter rechtsradikaler Szenen in den 1990er Jahren gezeigt haben (vgl. Funke 2002). »Gelingen diese Anknüpfungen an die Stimmungslagen in der Mehrheitsgesellschaft bei gleichzeitiger Vermittlung des Eindrucks der unzureichenden Problematisierung durch das etablierte Parteiensystem, dann wird sich die Normverschiebung mit hoher Wahrscheinlichkeit weiter verstetigen.« (Rafael 2016)

Bestand am Anfang »nur« das Ressentiment, so führt ohne entsprechende konsequente Eindämmung solcher Gruppen später das auch ideologisch radikalisierte Selbstverständnis zu der Überzeugung, gegen die drohenden Gefahren von außen und innen gewaltsam vorgehen zu müssen. Es entsteht gewissermaßen eine autoritäre »Antimoral«. Diese Radikalisierung verläuft in unterschiedlichen Graden, je nach der dahinterstehenden Ideologie, je nach den beteiligten Gruppen und Bewegungsumständen und je nach dem allgemeinen Klima, das dies fördert oder nicht.

Longue durée rechtsautoritärer Einstellungen

Rechtsautoritäre Einstellungen sind, wie historisch-soziologische Studien zeigen, tiefer verankert. Es gibt so etwas wie eine »longue durée« rechtsautoritärer Einstellungen, die nicht nur aus der Identifikation mit dem Nationalsozialismus in Teilen der ostdeutschen Bevölkerung, sondern vor allem auch daraus resultierten, dass diese Identifikation trotz des Wechsels in ein antifaschistisches Staatsverständnis nie wirksam angegangen und überwunden worden ist. Vielmehr sind aus ehemaligen Mitgliedern der Hitlerjugend gleichsam über Nacht Mitglieder der Freien Deutschen Jugend geworden, wie es Lutz Niethammer (1990) zugespitzt formuliert hat.

Zwar gab es ehrliche und ernsthafte Auseinandersetzungen mit dem Erbe des Nationalsozialismus, auch und gerade an den Orten, an denen in der DDR an dessen Verbrechen erinnert wurde, wie in Buchenwald, Ravensbrück oder Sachsenhausen. Doch zugleich kam es, darauf hat Bernd Wagner (2014) hingewiesen, vor allem in den 1980er Jahren in der DDR zu einer Mobilisierung neonazistischer und gewaltbereiter Szenen nicht zuletzt unter Jugendlichen und jungen Erwachsenen. Wagner verweist auf seinerzeit ausgeprägte nationalsozialistische und militante Aktionsstrukturen unter Jugendlichen und im Militär.[22] Er schätzt, dass es Ende der 1980er Jahre in der DDR 15.000 mehr oder minder organisierte Nazis gab. In nahezu allen Bezirksstädten bildeten sich bedrohliche Gruppen von »Faschos«, die frühzeitig mit Neonazis aus dem Westen um deren Anführer Michael Kühnen (1955-1991) und anderen Gruppen Kontakt aufnahmen. Sie waren mit dafür verantwortlich, dass im Gefolge der Maueröffnung eine beträchtliche Ausdehnung gewaltbereiter rechtsextremer Strukturen erfolgte, die dann entscheidend zu den ungeheuer ausgeweiteten Gewaltbewegungen in den frühen 1990er Jahren beitrugen. Hierzu gehörte der Thüringer Heimatschutz, aus dem Ende der 1990er Jahre die Terrorformation NSU entstand.

---

[22] Siehe auch sein Interview mit der taz vom 7./8.3.2020.

Bis heute erklärt diese Mischung fundamentaler Ungerechtigkeitswahrnehmungen und autoritär-fremdenfeindlicher Einstellungen nach wie vor den erheblichen und nur leicht abgeschwächten Block von knapp 20% AfD-Anhängern in Ostdeutschland. Zur Taktik der Partei gehört, Alltagssorgen im Sinne eines Rufs nach *Jobs, Jobs, Jobs* vor Ort aufzugreifen und ihre antidemokratische ideologische Orientierung vergessen machen zu wollen.

Nach wie vor aber wird die Attraktion dieser Partei zugleich dadurch erschüttert, dass sich der Machtkampf zwischen denen, die sich wie Meuthen etwas moderater geben, und dem klassischen rechtsextremen Repräsentanten des »Flügels« von Alexander Gauland bis Björn Höcke vertieft. Die Attraktion mindert ebenfalls, dass offenkundig berechtigt davon gesprochen werden kann, dass Geldzahlungen in sechsstelligem Umfang über Strohmänner an die Partei geflossen sind, die einem Parteienfinanzierungsskandal gleichen.[23]

Es ist derzeit nicht absehbar, ob der Trend im Osten Deutschlands, die Partei weniger zu wählen und sie gar wie in Mecklenburg-Vorpommern nach der Umfrage von Infratest dimap vom 25.11.20 »nur noch« bei um 15% zu sehen, und die in fast allen westdeutschen Bundesländern beobachtete Stagnation in den Landtagswahlen und der Bundestagswahl 2021 anhält. Zudem ist weiter zu beobachten, ob es angesichts der Herausforderung der Corona-Pandemie, der entschiedenen Rechtsradikalisierung der Partei und einer auf soziale Probleme der Bevölkerung abgestimmten Politik der dortigen Regierungen zu einer (weiteren) Entzauberung der Partei kommt.

[23] Nach dem RedaktionsNetzwerk Deutschland (RND) vom 19.11.2020 soll die AfD als Strafe für illegale Parteispenden mehr als 500.000 Euro zahlen. »Die Bundestagsverwaltung hat der AfD zwei Strafbescheide zugestellt. Der Grund dafür sind illegale Zuwendungen aus der Schweiz. Die Partei soll mehr als eine halbe Million Euro zahlen.«

3. Das alte Denken der neuen Rechten – Höcke, Kalbitz, Kubitschek und ihre Entourage

Björn Höckes Machtstellung und seine Mechanismen

Björn Höcke hat eine, wenn nicht die zentrale ideologische und operative Machtstellung in der Partei. Und das vor allem im Osten – wobei er selbst aus dem Westen kommt. Ohne oder gegen ihn ist – bis auf die Causa Kalbitz nach der Kehrtwende von Meuthen, sich gegen den Flügel zu stellen – keine relevante Parteitagsentscheidung in den letzten vier Jahren vollzogen worden. Dies ist umso verwunderlicher, als er sich nie auf Bundesparteitagen zur Wahl gestellt und kein Amt auf der Bundesebene der Partei wahrgenommen hat. Der Ko-Vorsitzende der AfD Thüringen hat seit der Erfurter Resolution vom März 2015 auf eine Radikalisierung der Partei im Sinne einer »fundamental oppositioneller Bewegungspartei«[24] gesetzt. Er hat dies in enger Ab-

[24] Der von Höcke selbst formulierte Anspruch, eine »fundamental-oppositionelle Bewegungspartei« mit anzuführen, hat es in sich. Denn das markiert vor allem den Bewegungscharakter bzw. das eigentümliche Zwitterwesen dieser Partei: als Bewegung Massenaufmärsche und Provokationen, Kontakte und Kooperationen mit Neonazis, Hooligans, in Kooperation mit dem Umfeld von Thorsten Heise, dem Vordenker der Kampfgruppe Adolf Hitler (C 18) zu inszenieren und zu planen , zu integrieren und Teil dessen sein zu wollen. Natürlich kennen wir dieses Phänomen historisch von der nationalsozialistischen Bewegung und ihren vielfältigen Kooperationen mit den sogenannten Konservativen Revolutionären, also den Anti-Demokraten und Stichwortgebern der nationalsozialistischen Bewegung um Carl Schmitt und Ernst Jünger. Sofern Parteienforschung, Medien oder auch Teile des Verfassungsschutzes von dieser Zwitterfunktion absehen, werden sie den potenziellen Gefahren, die daraus für die Demokratie entstehen, nicht gerecht. Vergleiche auch die Analyseansätze zu diesem Zusammenhängen durch den » Anti-Fake-News-Blog« Der Volksverpetzer: »Exklusive Recherchen über die Verbindung der AfD. Der Neonazi-Freund von Höcke« vom 1.1.2020

stimmung mit seinem langjährigen parteipolitischen Kampfgefährten Andreas Kalbitz und den Ideologen und Strategen der extremen altneuen Rechten um Götz Kubitschek, Jürgen Elsässer oder den Identitären um Martin Sellner gemacht, sich ansonsten aber auf seine Parteibasis in Thüringen und die Gleichgesinnten in den ostdeutschen Parteiverbänden verlassen.

Dass er inzwischen zu einem der mächtigsten Männer in der Partei geworden ist, hängt neben diesen organisatorischen Bedingungen und dem von der extrem neuen Rechten gestützten Netzwerk mit seiner ideologischen Antreiberrolle beim Geschäft einer endlosen Radikalisierung als Fundamentalopposition zusammen.

Bei der Analyse seiner Ideologie und Rhetorik geht es nicht nur darum, wie wirksam er seine Rhetorik bei seinen Anhängern und seinem Parteivolk entfesseln kann, sondern welche strategischen Ziele er ideologisch-politisch verfolgt. Hierfür ist vor allem der 2018 erschienene Gesprächsband »Nie zweimal in denselben Fluss« von Interesse. Gertrud Hartmann und ich deuten die darin enthaltenen Selbstauskünfte Höckes von verschiedenen Perspektiven, einerseits ideologiekritischen, andererseits psychoanalytischen, her. In diesen Selbstauskünften zeigt sich unseres Erachtens unter anderem eine romantisch-illusionäre Idealisierung dessen, was er unter »Deutsch(land)« versteht, *und* eine geradezu brutale Abwehr alles dessen, was er gewissermaßen nicht mag und als kulturfremd begreift. Es ist diese Spaltung, aus der sein hermetischer Kurs für eine völkische Revolution begriffen werden sollte.

Führerkult

Björn Höcke ist im gegenwärtigen Machtzentrum der AfD der autoritäre Agitator, der Gefolgschaft fordert. Sein Einzug unter Fahnen und Marschmusik in die Halle des »Kyffhäusertreffens« von Rechtsextremen und Neonazis in Leinefelde am 6. Juli 2019 zeigt ihn als nationalen »Erlöser« – einschließlich der Huldigung der Massen, mit der er sich als makelloser Nicht- und Anti-Politiker in Szene zu setzen versucht. So erscheint er als »der einzige Aufrechte, der unerbittlich gegen die ›Spalter und Feindzeugen‹ zu Felde zieht, gegen all die ›Halben‹, die vom parlamentarischen Glanz der Hauptstadt fasziniert werden« (Lucke 2019).

Höcke steigert dies noch eine Woche später: In Cottbus fährt er mit zweistündiger Verspätung mit zwei riesigen dunklen Limousinen samt Pegida-Anhang und Ordnertruppe am 13. Juli zum Wahlkampfauftakt ein, um seine martialische Rede zur Verhöhnung des »Systems« zu halten und sich unter »Höcke, Höcke«-Rufen mit ausgebreiteten Armen feiern zu lassen. Was Björn Höcke, Andreas Kalbitz und der Vorsitzende der AfD Sachsen, Jörg Urban, betreiben, ist der Versuch einer Mobilmachung mit Führer-Kult, Hetze zur Aufwiegelung gegen missliebige Minderheiten und Gewalt. Diese Formation betreibt den Schulterschluss mit terroristischen Gruppen, wie schon am 1. September 2018 in Chemnitz.[25] Dieses Vorgehen ist, wie insbesondere bei Höcke zu beobachten, emotional verbunden mit großem Spektakel und mit Kitsch-Inszenierungen. Dazu gehört (bis zur offiziellen Auflösung des »Flügels«) z.B. die Auszeichnung eines Getreuen mit einem »Flügel«-Abzeichen durch den sakrosankten Führer, gewissermaßen in dem Wissen, dass der Bewegung von niemandem

---

[25] Höcke ist zudem eng befreundet mit dem terroraffinen Neonazi Thorsten Heise. Auf www.belltower.news, einer von der Amadeu Antonio Stiftung betriebenen Website, heißt es dazu: »Silvio Will steht nicht nur dem C18-Netzwerk nah, sondern gehört auch der ›Arischen Bruderschaft‹ an, einer Kameradschaftsstruktur aufgebaut von Thorsten Heise.« »Silvio Will übernimmt seit Jahren, wie viele andere Mitglieder dieser Neonazi-Gemeinschaft, Aufgaben für den ›Sicherheitsdienst‹ auf Heises Konzerten – etwa im Rahmen des ›Schild & Schwert-Festivals‹ oder auf dem ›Eichsfeldtag‹ in Thüringen.« (Belltower News: »Rechtsterroristische Allianz zwischen »Brigade 8« und »Combat 18«, 4.4.2019)

Die enge politische Freundschaft zwischen Höcke und Thorsten Heise, lange Zeit stellvertretender NPD-Vorsitzender, bedürfte einer eigenen Erörterung, ebenso die Erfahrungen und Einflüsse rechtsgerichteter Lehrer im Umfeld seiner hessischen Lehrertätigkeit. Schon gar nicht gehen wir hier auf die Spekulation ein, ob es auch Beziehungen Höckes zu hessischen Sicherheitsorganen gegeben hat oder gibt.

das Recht zur Entfesselung von Ressentiments und Aggressionen streitig gemacht werden soll. Je tiefer der Riss wird, je schärfer die Sprache, desto mehr muss es demnach heißen: Untergang oder wir – als vermeintliche Rettung (vgl. Adorno 2019).

Die Mobilmachung aber kann nur geschehen, wenn man einen *»vollständigen Sieg«* erringt, wie Höcke in seiner Dresdner Rede vom 17.1.2017 ausführte: »Ich weise euch einen langen und entbehrungsreichen Weg, ich weise dieser Partei einen langen und entbehrungsreichen Weg, aber ist der einzige Weg, der zu einem vollständigen Sieg führt, und dieses Land braucht einen vollständigen Sieg der AfD.« Ein totaler Anspruch auf die Führung und auf eine AfD, die die Macht übernehmen muss – und wenn dies nicht geschieht, folgen Chaos und die gewaltsame Machtergreifung.

»Nie zweimal in denselben Fluss« – Höckes wohltemperierte Grausamkeit«

Für die ethnisch reine: rassistische Nation …

Nirgends ist die Höckesche Gewaltprogrammatik so eindeutig ausgeführt wie in dem Gesprächsband *»Nie zweimal in denselben Fluss«* (Höcke/Hennig 2018).[26] Darin antwortet Höcke dem Pegida nahestehenden Maler und Publizisten Sebastian Hennig

[26] Seitenzahlen in Klammern im Folgenden nach diesem Band. Der darin nicht näher nachgewiesene Buchtitel zitiert einen Aphorismus, der in einem Text von Plutarch überliefert ist: »Es ist unmöglich, zweimal in denselben Fluss hineinzusteigen, so Heraklit. [Der Fluss] zerstreut und bringt wieder zusammen […] und geht heran und geht fort.« Zit. nach: Vorsokratiker 2012: 281. Wie ein Kommentar zur Höckeschen Aneignung lesen sich die Sätze in der Einführung: »Romantisierende Rückschau führt zur Mystifikation. Wenn es eine Vorbildhaftigkeit der Vorsokratiker gibt, so ist sie vor allem in einer *kritischen* und *rationalen* Haltung begründet, die nicht bloße kulturgeschichtliche Tatsache sein sollte, sondern heute kaum weniger als damals errungen werden muss.« (Ebd.: 9)

(*1972) auf die Frage nach Maßnahmen im Rahmen einer Rückführung angeblich nicht integrierbarer Migranten: »Ja, neben dem Schutz unserer nationalen und europäischen Außengrenzen wird ein groß angelegtes Remigrationsprojekt notwendig sein.« (254) Höcke strebt dieses Projekt, wenn man an der Macht sei, für alle »kulturfremden« Menschen an. Es liefe darauf hinaus, Millionen Bürger*innen aus dem Land zu verbannen.

Geschähe dieser von ihm angestrebte politische Akt beispielsweise in einem Berliner Stadtteil, wären davon allein schon zigtausende Bürger betroffen. Das ist nichts anderes als ein Programm ethnischer und politischer Säuberung. »Und bei dem wird man« – so heißt es folgerichtig weiter – »so fürchte ich, nicht um eine Politik der ›wohltemperierten Grausamkeit‹ (...) herumkommen. Das heißt, dass sich menschliche Härten und unschöne Szenen nicht immer vermeiden lassen werden.« (255, vgl. dazu weiter unten)

Das ist eine Sprache, die nicht nur ein verfassungsfeindliches Projekt fordert, wenn die Macht erlangt ist, sondern dieses Projekt gleichzeitig mit überschießender Grausamkeit durchsetzen will, d.h. mit einem Zuschuss an subjektiver – man muss wohl sagen – sadistisch-genüsslicher Entschiedenheit. Es geht Höcke in anderen Worten um eine *ethnisch reine* Nation; nur in ihr kann es die »Identität« geben, die nicht durch *»Durchmischung«* und *»bunte Vielfalt«* getrübt ist.[27]

Die Rede von der »wohltemperierten Grausamkeit« ist kein Zufall. Einen nationalistisch entfesselten Höcke lesen wir vielmehr im letzten und längsten Kapitel *»Volksopposition gegen das Establishment«* seines politischen Manifests (185-255), das mit dem abschließenden Kapitel *»Krise und Renovation«* (man kann auch Revolution schreiben) (257-291) noch überboten wird. In diesem Teil gibt der Stichwortgeber die Zuspitzung gleich vor, wenn er erklärt, dass die Masseneinwanderung nichteuropäischer

---

[27] Zitiert nach FAZ, 15.5.2018, www.faz.net/aktuell/politik/inland/afd-politiker-bjoern-hoecke-stellt-positionspapier-zu-leitkultur-vor-15591221.html.

Völkerschaften und der Niedergang des Gemeinwesens Land und Volk in eine existenzielle Krise treibe. Höcke warnt: »Wenn wir die gewaltsame Transformation des hergebrachten Nationalstaats in eine multikulturelle Zuwanderungsgesellschaft nicht bald stoppen, droht uns in Deutschland und Europa tatsächlich eine kulturelle Kernschmelze« (185) – also Explosion, Untergang und Zerstörung in einem. In diesen beiden letzten Kapiteln herrscht ein besonders ausgeprägter Ton nationalrevolutionärer Entschiedenheit: gegen die Republik, gegen ihre vermeintlichen massiven Rechtsbrüche, gegen die »Massenansiedlung« und die »Islamisierung«, die gegen den Mehrheitswillen der Deutschen vollzogen werde. Während den Zuwanderern »das Recht auf eigene Entfaltung und Interessenwahrnehmung zugestanden« werde, werde es »den einheimischen Deutschen sogar bestritten« (187).

Gegen die vermeintliche Selbstunterordnung der Deutschen, ihre drohende Selbstauflösung und den »Missbrauch unserer Humanität und Hilfsbereitschaft« wird eine »umgedrehte mephistophelische Kraft« (190), gerichtet »gegen die schier unerträgliche Arroganz der bundesdeutschen Politikerkaste« (193), beschworen, mit der ihre Mitglieder »gegen alle Staaten giften, die sich der eigenen Auflösung verweigern« (ebd.).

... gegen den »Volkstod«

Die Kräfte des Volkes seien gegen die Globalisierung (249), vor allem aber gegen den von Höcke behaupteten »Volkstod« durch den »großen Austausch« zu mobilisieren. Der angebliche »Schuldkult« diene dem Ziel, die Widerstandskräfte des deutschen Volkes gegen seine Zerstörung zu schwächen:[28] Die Legitimität jeglichen Widerstands gegen eine wahnwitzige Politik (der Einwanderung) werde »uns Deutschen« mit dem Verweis auf

[28] Vgl. Quent (2019: 47), der Höcke (aus einem Gespräch mit Götz Kubitschek für Sezession online vom 8.3.2019) zitiert: »Wir sollten uns in Zeiten der Krise und des Niedergangs vor einem falschen Konservativismus hüten, der sich an Institutionen klammert, die längst selber an der Zerstörung unseres Landes und seiner Bestände mitwirken.«

unsere historische Schuld abgesprochen (69). Man werde in den folgenden 20 bis 30 Jahren in Europa von Bürgerkriegen heimgesucht, die den Endzeiten der römischen Republik gleichen würden (203ff.). Dem sei der *legendäre »Furor teutonicus«* entgegenzusetzen, »vor dem die alten Römer schon gezittert« hätten (212). Höcke ruft zugleich »den Freiheitskampf Arminius' gegen das römische Imperium«, »das Ringen der Stauferkaiser gegen die weltlichen Anmaßungen der Päpste, den Bauernaufstand im 16. Jahrhundert, die Befreiungskriege gegen Napoleon, den patriotischen Widerstand gegen Hitler« oder »die Bürgerproteste gegen die Einwanderungspolitik« auf: Es gebe die »Widerstandskraft« der wirklichen »Patrioten« (214).

Die »schuldbeladenen, dekadenten und selbstbehauptungsunfähigen Westeuropäer« seien dafür verantwortlich, dass »künftige Völker durch unsere verödeten Rathäuser, Bahnhöfe, Museen, Theater und Schwimmhallen gehen und darüber staunen, wie eine so mächtige, geistreiche und wohlhabende Gesellschaft daraus hinweggewischt wurde« (194). Das ist nichts anderes als die Beschwörung einer Politik des »Volkstods« durch Bevölkerungsaustausch und macht die Verhinderung der drohenden Islamisierung Deutschlands und Europas sowie die Rückführung der als nicht integrierbar dargestellten Migranten (195) zur zentralen politischen Aufgabe. Mit dem dekadenten westlichen Lebensstil habe man sich selbst entfremdet, seine eigene Identität aufgegeben und sei nicht nur »zu schwach, das Fremde abzuweisen, sondern auch, es in unser Eigenes zu integrieren« (199). Man habe »die eigenen Kulturen und religiösen Traditionen vergessen«, und nun solle der »aufgeblasene Werteschaum (...) nur noch das tiefe Loch verlorener Identität zudecken« (199). Längst handele es sich um eine »invasive« Zuwanderung. Man erlebe die Verdrängung der europäischen und deutschen Kultur »durch Islamisierung, Orientalisierung und Afrikanisierung« (200). Das Ganze resultiere aus einem »europäischen Universalismus und Kosmopolitismus« in Verbindung mit einem »tief sitzenden Schuldkomplex«, der sich zu einer »Ideologie der Selbstaufgabe extremisiert« habe (201) – eine Form des etablierten Nihilismus: »wer nichts ist und nichts hat, kann auch nichts verlieren « (202). Sarkastisch höhnt er: »Dieses Sein wird jetzt von den Globalisten neu definiert: Wir sollen abstrakte, reine Menschen werden, ausgestattet mit universalen Menschenrechten – möglichst ohne Verschmutzung durch irgendeine Volkszugehörigkeit und nationale Traditionen. Eine ethnische Säuberung der ganz besonderen Art!« Höcke, der abwertend von einem »Reinheitswahn« spricht, kehrt damit die Kritik an seiner Vorstellung von ethnisch rassischer Reinheit um und unterstellt, dass die auch im Grundgesetz formulierte Menschenrechtstradition schön und edel klinge und zu nichts verpflichte – ganz gegen die Realitäten des Einsatzes von Menschen- und Bürgerrechten gegen rassistische Gewalt und Überwältigung. Eine zynischere Abwertung der universalen Menschenrechte ist sprachlich kaum vorstellbar.

Kyffhäusermythos: Beschwörung von Untergang und Auferstehung in einer autoritären Ordnung

Höcke hadert mit der liberalen Demokratie und will ein anderes Deutschland schaffen. Seine Kritik an der angeblichen Verflachung und Dekadenz, den Auflösungserscheinungen und Krisen, den »Schutthalden der Moderne« steht in der Denktradition des Kulturpessimismus. Er beklagt den rationalen Zugriff der Moderne auf die Welt und plädiert für ihre Wiederverzauberung (163). Das erfordere die Rückkehr zu einem mythischen Denken, in dem Begriffe wie Zauber, Staunen, Geheimnisvolles und Rätselhaftes wieder zu ihrem Recht kommen. Damit stellt er sich in eine antirationale Tradition, die von der Existenzphilosophie Martin Heideggers bis zu Carl Schmitt und dessen Staatslehre aus den Ableitungen der Theologie reicht. Auf diese Weise soll Politik wieder Autorität verliehen werden. Trotz aller Rationalisierung in der Moderne habe der Logos den Mythos nicht verdrängen können. »Wir« sollten Mythen ganz praktisch als mögliche Kraftquellen und Orientierungshilfen ansehen, die uns auch in schlechten Zeiten Hoffnung und Zuversicht spenden – man denke nur an den »Kyffhäusermythos der Deutschen« (159). Diese Mythen hätten eine belebende und identitätsstiftende Wirkung auf Menschen und Völker. Höcke geht es offenkundig geradewegs um eine Überwindung der Moderne zugunsten eines mythisch vorgestellten gereinigten, deutschen Volkes, eines Volkes als Gemeinschaft, »deren Angehörige in einer schicksalhaften, generationsübergreifenden Verbindung stehen« (70). Es gelte, dieses Schicksal des Volkes bereitwillig anzunehmen. Man werde dann Teil eines größeren, historisch tief gelagerten Ganzen sein. Als Teil einer Gemeinschaft, wie etwa als Angehöriger eines Volkes, kann jeder Einzelne zu einem wichtigen Glied einer langen historischen Kette werden (31). Nach Christoph Becker (2020: 4) nimmt für Höcke das Volk »die Funktion eines Mythos ein, der dem entfremdeten Sein in der Moderne wieder Sinn gibt«.

Blut, Boden, Volksgemeinschaft ...

Die Ordnung des Politischen schließt die Unterordnung des Einzelnen unter die Volksgemeinschaft ein. Es gehe um die Bewahrung der völkischen Schicksalsgemeinschaft und mit ihr um die Blutsbande der Volksgemeinschaft. Loyalität funktioniere vor allem durch »blutsmäßige« Verbindung: »Wenn beispielsweise die eigenen Kinder nicht so gut geraten wären wie die der Nachbarsfamilie, so bliebe man ihnen doch liebevoll verbunden und würde sie nicht gegen andere, ›bessere‹ austauschen.« (125) Demgegenüber erklärt Höcke die Werte der Aufklärung, des Liberalismus und des Universalismus zu einem Gift für die Volksgemeinschaft. Für die Werte der Grundrechte und eines Verfassungspatriotismus hat er nur Spott übrig (ebd.).

... und Alleinherrschaft des Nationalen Sozialismus

Die Beschwörung von Verfall, Dekadenz und Untergang wird der zerstörerischen Kraft der »Ochlokratie« (Pöbelherrschaft) zugeschrieben, aus der es nur den Ausweg eines Alleinherrschers gebe (226f.), eines »uomo virtuoso« nach Machiavelli, »der nur als alleiniger Inhaber der Staatsmacht ein zerrüttetes Gemeinwesen wieder in Ordnung bringen könne« (286). Auf die Frage, ob er sich eher in der Rolle des Rebellen oder in der eines politischen Gestalters sehe, erklärt Höcke: »Das schöpferische Gestalten und Formen eines Gemeinwesens zum Wohle seiner Bürger bewegt in mir viel mehr positive Energie als das katechontische [aufhaltende] Stemmen gegen eine nationale Apokalypse.« (287)

Der nationalrevolutionäre Impuls erfordere entsprechende Strategien vor allem im Staats- und Sicherheitsapparat (232f.), ein konsequentes Durchregieren (234) und ein Sensorium für die »volonté generale«, notfalls auch gegen die aktuellen öffentlichen Befindlichkeiten, um »für das Volk die richtigen Entscheidungen« zu treffen, nicht selbstherrlich autokratische, sondern solche im dienenden Sinne (!) (236), und zwar zur Wiederherstellung der inneren Einheit. Es brauche »einen vollständigen Politikwechsel« mit den »systemkritischen Teilen« aller politischen Lager und Parteien, auch durch »neue Querfronten« (238), also quer zu den Lagern der Rechten und der Linken – mit anderen Worten eine Widerstandskoalition nicht zuletzt aus den Mittelschichten des Bürgertums (239). Um die entsprechenden Bündnisstrukturen zu entwickeln, brauche es eine patriotische und dezidiert soziale Position, einen »solidarischen Patriotismus« (246),[29] also eine nationalistisch-soziale politische Perspektive.

In wirtschaftspolitischer Hinsicht fordert Höcke eine »organische Entwicklung« Europas und Deutschlands. In einem Interview mit der *Thüringer Allgemeinen* vom 21.7.2014 erklärte er: »Aber ich für meine Person sehe, dass der internationale Finanzkapitalismus, so wie er sich im Augenblick verhält, keine Zukunft hat. Ich bin für eine organische Marktwirtschaft.« Der Begriff der »organischen Marktwirtschaft« stammt aus der Zeit des Nationalsozialismus (vgl. Kemper 2016). Die Diagnose der Dekadenz und Degeneriertheit gilt Höcke zufolge für die Marktwirtschaft und den »zinsbasierten Kapitalismus« (ein antisemitischer Code) ebenso wie für die demokratische »Umerziehung« oder andere »Gesellschaftsexperimente«. Die Volkswirtschaft müsse vom zinsbasierten Globalisierungstotalitarismus befreit und national organisch ausgerichtet werden. Der Soziologe An-

[29] Die Entsprechung bzw. Weiterentwicklung findet sich in dem Band »Solidarischer Patriotismus« (Kaiser 2020).

dreas Kemper (2016) dokumentiert: »Auf die Nachfrage, warum er trotz Wirtschaftswachstums und sinkender Arbeitslosenzahlen von ›Untergang‹ spreche, sagte Höcke, die Krisendynamiken drohten sich ›aufzupotenzieren‹.«

Unter dem Pseudonym »Landolf Ladig« habe Höcke bereits Jahre zuvor neonazistische Texte verfasst, in denen er dafür warb, nationalsozialistische Wirtschaftspolitik auf rassenbiologischer Grundlage wiedereinzuführen (vgl. ebd.). Dieses Gesellschafts- und Politik-Konzept einer »organischen Nation« ist – darauf hat schon der inzwischen abgespaltene neoliberale Teil der AfD um Hans-Olaf Henkel und Bernd Lucke mit seiner Warnung vor dem völkischen Nationalismus hingewiesen – ein fundamentales Gegenkonzept zum Zustand und Selbstverständnis der rechtsstaatlich verfassten Demokratie der Bundesrepublik Deutschland.

Im militärischen Machtstaat

Mit dem Rückzug der »wirklichen« Patrioten in die gallischen Dörfer werde man eine »Auffangstellung« und »neue Keimzelle des Volkes« betreiben können und hieraus eine »Ausfallstellung« entwickeln, von der eine Rückeroberung ihren Ausgang nimmt. In die Geschichte von Asterix und Obelix gekleidet ist dies nichts anderes als eine Widerstandsstrategie des Bürgerkriegs (vgl. 253). Aber selbst ohne diese entfesselte Bürgerkriegsstrategie stünden im Falle der totalen Niederlage harte Zeiten bevor, »denn umso länger ein Patient die drängende Operation verweigert, desto härter werden zwangsläufig die erforderlichen Schnitte werden, wenn sonst nichts mehr hilft« (254). Vor allem eine neue (!) »politische Führung wird dann schwere moralische Spannungen auszuhalten haben: sie ist den Interessen der autochthonen Bevölkerung verpflichtet und muss aller Voraussicht nach Maßnahmen ergreifen, die ihrem eigentlichen moralischen Empfinden zuwiderlaufen.«

Höcke rechnet bewusst Spaltungen und Ausschlüsse in diesem fundamentalen Kampf um eine neue Republik ein. Am Ende würden »genug Angehörige unseres Volkes vorhanden sein, mit denen wir ein neues Kapitel unserer Geschichte aufschlagen können. Auch wenn wir leider ein paar Volksteile verlieren werden, die zu schwach oder nicht willens sind, sich der fortschreitenden Afrikanisierung, Orientalisierung und Islamisierung zu widersetzen. Aber abgesehen von diesem möglichen Aderlass (!) haben wir Deutschen in der Geschichte nach dramatischen Niedergängen eine außergewöhnliche Innovationskraft gezeigt. Denken Sie an den 30-jährigen Krieg oder den Zusammenbruch 1945.« (257) Noch verzerrter geschichtsphilosophisch wird der Duktus, wenn Höcke das Ganze als Ausdruck des Austobens der Moderne begreift, dem eine Nachmoderne gegenübergestellt wird (258).

Man brauche eine klare Orientierung, die Unterscheidung nach Freund und Feind im Sinne des politischen Begriffs von Carl Schmitt als Kern von Volk und Nationalstaat (273f.) und dazu eine von fremden Direktiven unabhängige Staatsführung, eine fähige Diplomatie und eine intakte Armee mit dem klaren Wählerauftrag zur Landesverteidigung. Das sichere die Souveränität des Staates und die Freiheit seiner Bürger. *»Ein fremdbestimmtes, unbewaffnetes Volk ist auf Dauer ein unfreies Volk«* – alles Kernelemente eines nationalistischen Staats- und Gesellschaftskonzepts (275). Dass dies nicht nur ›defensiv‹ im Sinne der Abwehr von ethnischen und religiösen Minderheiten gemeint ist, wird klar, wenn Höcke von der »Etablierung von relativ autonomen Großräumen als gangbarem Mittelweg zwischen unipolarer und multipolarer Weltordnung« spricht (282) und sich auf Carl Schmitt und sein »Interventionsverbot raumfremder Mächte« bezieht, das Höcke allerdings ergänzt wissen will um das »Investitionsverbot raumfremden Kapitals« und das »Migrationsverbot raumfremder Bevölkerungen« (283).

Paranoia an der Macht

Wer aber von der »Invasion« der Muslime mit dem Ziel des Untergangs Deutschlands redet und sich in unmittelbarer tödlicher Gefahr sieht, dem bleibt in dieser Logik, um sich selbst zu beschützen, geradezu zwingend der Griff zur Gewalt. Hat sich einmal ein solcher Wahn, eine solche Paranoia (im Sinne einer Gruppen verbindenden Vorstellung, nicht im Sinne einer individuellen psychiatrischen Paranoia) durchgesetzt, gibt es bei ihren Trägern kein Halten mehr. Dann heißt es nur noch: Die oder Wir. Das »legitimiert«, wenn man an der Macht ist, im Zweifel alles und damit auch tödliche Gewalt – und wenn man nicht an der Macht ist, gewalttätigen Widerstand. Aus der Analyse des Nationalsozialismus und seines Antisemitismus wissen wir, dass die Kraft der politischen Paranoia an der Macht unzähmbar erscheint. Am Ende kennt sie nur ein Ziel: nämlich die, die »uns« zerstören, auszuschalten, damit das eigene Volk überlebt. Es sind diese Vokabeln – wie der »Volkstod« –, die in dem erhellenden BfV-Gutachten mit Verweis auf das Urteil des Bundesverfassungsgerichts zum NPD-Verbotsantrag und unter Berufung auf den Art. 1, Abs. 1 des Grundgesetzes (»Die Würde des Menschen ist unantastbar) sowie das in Art. 20 formulierte Demokratie- und das Rechtsstaatsgebot als verfassungsfeindlich charakterisiert werden.[30]

… und Anleihen bei Goebbels»: »Der Osten steht auf« (Höcke)

Schon in seiner erinnerungspolitischen Rede vom 17. Januar 2017 hatte Höcke Dresden zur Hauptstadt des »Widerstands« erkoren.

In seiner Kyffhäuserrede 2018 hatte Höcke erklärt: »Heute, liebe Freunde, lautet die Frage nicht mehr: Hammer oder Amboss, heute lautet die Frage: Schaf oder Wolf. Und ich, liebe Freunde, meine hier, wir entscheiden uns in dieser Frage: Wolf.« Albrecht von Lucke (2019) weist darauf hin, dass auch Josef Goebbels mit ebensolchen Wolf/Schaf-Vergleichen argumentierte, so in einem Leitartikel der NSDAP-Zeitung »Der Angriff« vom 30.4.1928, in dem es heißt: »Wir kommen nicht als Freunde, auch nicht als Neutrale. Wir kommen als Feinde! Wie der Wolf in die Schafherde einbricht, so kommen wir!«

---

[30] Wie Sprache sich im Kontext verändert und selbst eine verändernde Wirkung hat, die für die Justiz relevant sein sollte, ist an dieser Ideologie exemplarisch zu beobachten: Die beschworene Vernichtung der ethnisch-deutschen Bevölkerung durch Muslime, Flüchtlinge und andere ist deswegen von solchem Gewicht, weil dies der Vorstellung einer klassischen politischen Paranoia gleichkommt.

Lange Zeit wurden derartige Äußerungen hingenommen, retuschiert und vergessen gemacht von den allzu empfänglichen bzw. nachsichtigen Interpreten in der Partei – und, was besonders irritiert, auch in einem beträchtlichen Teil der Medien. Mit dieser Rede provozierte Björn Höcke allerdings den Protest der sich moderater gebenden, vor allem aus dem Westen stammenden Funktionäre. Aber auch das war ein eher hilfloser Aufruf, der alsbald unter anderem von der Fraktionsvorsitzenden der AfD im Bundestag, Alice Weidel, dadurch kassiert wurde, dass sie sich auf Höckes Seite schlug. Ähnliches war auch in den bisherigen Wellen der Radikalisierung dieser Partei seit 2014 zu beobachten.

Es ist inhaltlich wie rhetorisch der »Goebbels-Sound«,[31] der in dieser Radikalität neu war und den Machtkampf in eine neue Eskalation innerhalb der Partei getrieben hat. Der »Flügel« als Kampfverband von Björn Höcke und Andreas Kalbitz löste eine immer schnellere Radikalisierung aus, gegen die andere aus der AfD anzuschreiben versuchten, etwa der (bis zum Dezember 2019) stellvertretende Bundesvorsitzende Kay Gottschalk. Er sprach von einer »Schneise der Verwüstung «, mit der der »Flügel« Konflikte in den Landesverbänden unter anderem in Nordrhein-Westfalen, Bayern, Baden-Württemberg und Schleswig-Holstein schüre (zitiert nach Zeit online, 21.7.2019).

Höcke fordert: »Wir, liebe Freunde, wir werden uns unser Deutschland Stück für Stück zurückholen!« (Dresdner Rede, 17.1.2017) Der bereits erwähnte Sprachwissenschaftler Detering fragt deshalb mit Verweis auf diese Rede: Zurück? Vor dieser Wende – war da »unser einst intakter Staat, unsere einst hoch geschätzte Kultur, unsere einst schöne Heimat, unsere einst stolzen Städte, unsere einst geachtete Armee?« Wann war dieses »einst«, und wann beginnt das gedemütigte erniedrigte »Jetzt«? Gut und richtig waren die Zustände offenkundig vor der umfassenden Amerikanisierung und der nach 1945 begonnenen systematischen

[31] So bezeichnet und mit filmischen Redeausschnitten illustriert von »Monitor«, 28.6.2016, www.youtube.com/watch?v=RY9_YCee5m0

Umerziehung. Gut und richtig waren sie vor dem 8. Mai 1945 (vgl. Detering 2019: 25).

Höcke geißelt das Kriegsverbrechen der alliierten Bombardierung Dresdens, gegen das er sich bereits bei einer NPD-Demonstration in Dresden 2010 gewandt hatte, dann die Bombardierung der anderen deutschen Städte, schließlich die Alliierten insgesamt: »Man wollte uns mit Stumpf und Stiel vernichten, man wollte unsere Wurzeln roden.« Man, so Detering, sind die Alliierten, wir sind die wahren, die patriotischen Deutschen, und »roden« heißt ausrotten. (Ebd.: 26)

Wenn es nicht gelingt, die Politik zu korrigieren, drohe die (bereits oben angeführte) »Kernschmelze«, »dann werden wir in Deutschland und Europa einen Kultur- und Zivilisationsbruch historischen Ausmaßes, ja liebe Freunde, dann werden wir eine kulturelle Kernschmelze erleben, das wollen wir nicht und das müssen wir gemeinsam verhindern«. Jetzt aber werde der ganze Osten zur Heimat der Bewegung – denn nun, so das Motto des Kyffhäusertreffens 2019, »steht der Osten auf« – eine Anleihe an den Satz *»Nun Volk steh auf und Sturm brich los«* aus Goebbels' Sportpalastrede vom 18. Februar 1943. Die Absage an die parlamentarische Demokratie der alten »Kartellparteien« ist bei Höcke verbunden mit einem entfesselten Freund-Feind-Denken – sowohl gegenüber dem parlamentarischen System als solchem als auch gegenüber allen größeren ethnischen und religiösen Minderheiten.

Ziel der alliierten Kriegsführung war es Höcke zufolge, nicht nur gegen die deutsche Identität, sondern gegen den physischen Bestand des deutschen Volkes einen Vernichtungsfeldzug zu führen. Ziel der Alliierten war danach die Ausrottung des deutschen Volkes, der »Holocaust« an den Deutschen. Die nach 1945 begonnene systematische »Umerziehung« der Überlebenden erscheint ihm nur als eine Fortsetzung desselben Plans mit anderen Mitteln. Und »das«, also die »Ausrottung« von »uns«, habe man auch fast geschafft. In diesem Sinn ist das in der Dresdner Rede angeklagte »Denkmal der Schande« eben selbst Ausdruck für den »Gemütszustand eines total besiegten Volkes«. Dem korrespondiert die Reinwaschung der Wehrmacht in dem Film, den Andreas Kalbitz, wie unten gezeigt wird, mitzuverantworten hat.

Der 8. Mai 1945 – 75 Jahre danach

Immerhin hatte schon vor 35 Jahren der von Höcke verachtete damalige Bundespräsident Richard von Weizsäcker – gegen den Widerstand der Nationalisten in der CDU und in der Gesellschaft – in seiner Rede die historische politische Verantwortung Deutschlands für das Regime und den Krieg klargestellt: »Der 8. Mai war ein Tag der Befreiung. Er hat uns alle befreit von dem menschenverachtenden System der nationalsozialistischen Gewaltherrschaft«. Höcke und seine völkisch-radikalen Anhänger dagegen wollen das Grundgesetz zugunsten eines autoritären Staats schleifen, Minoritäten aus Afrika und Asien mit Gewalt deportieren und die Verbrechen des Nationalsozialismus und ihre Konsequenzen im Grundgesetz aus unserer Erinnerung verbannen. Für die Auschwitz-Überlebende Esther Bejarano dagegen gehört zur Erinnerung an die Befreiung vom Nationalsozialismus auch die Sowjetunion. Götz Aly hat in der Berliner Zeitung vom 5. Mai 2020 das Nötige dazu geschrieben: »(Die Deutschen) führten den größten Raub-, Vernichtungs- und Versklavungskrieg der Geschichte. (Sie) ließen mit Absicht in der zweiten Jahreshälfte 1941 etwa 2,5 Millionen gefangene Rotarmisten verhungern. Sie belagerten Leningrad (…), und mehr als eine Million Leningrader Kinder, Frauen und Alte starben. (…) (Sie) verschleppten Millionen Menschen zur Zwangsarbeit und ermordeten alle sowjetischen Juden, derer sie habhaft werden konnten. (…) Im Verteidigungskrieg gegen Deutschland sind 13 Millionen sowjetischer Soldaten gefallen, zudem wurden 14 Millionen sowjetische Zivilisten von Deutschen ermordet oder sind infolge deutscher Kriegsführung ums Leben gekommen.«

Dieses Verbrechen an etwa 27 Millionen Russen sollte nicht ignoriert oder gegen stalinistische Verbrechen aufgerechnet werden. Esther Bejarano geht es darum, die Lehren des 8. Mai umzusetzen: AfD, NPD und ihre Verbündeten müssten aufgehalten werden, Gewalttaten von Neonazis unterbunden, ihre Netzwerke, auch in Polizei und Bundeswehr, aufgedeckt und aufgelöst werden, Geflüchtete aufgenommen, Waffenexporte verhindert und die Diffamierung und Behinderung demokratischer und antifaschistischer Gruppen und Organisationen beendet werden. (Neues Deutschland, 15.4.2020)

Höckes Weltbild dagegen folgt einer verfassungsfeindlichen rassistischen Ideologie, die es von Staats wegen umzusetzen gelte – und die auf ihre Weise Gaulands Parole nach der Bundestagswahl am 24.9.2017 zuspitzt: »Wir werden sie jagen.« Höcke geht von einem »ethnisch homogenen« Volk und einem »organischen« Volksverständnis aus, wie es im Gutachten des Bundesamts für Verfassungsschutz vom 15.1.2019 (S. 72) heißt, das die Verfassungsfeindlichkeit der Äußerungen Höckes belegt. Für Höcke kann »nur deutsch sein, wer ethnisch deutsch ist« (BfV 2019: 73) – eine völkisch-nationalistische, rassistische Haltung. »Zuwanderung, Islamisierung, land- und kulturfremde Religionen und ›Multikultiwahn‹ führten (…) zur Zerstörung der eigenen Gruppe.« (Ebd.: 74) Vermeintliche Überfremdung, Bevölkerungsaustausch, Umvolkung, Volkstod würden Zersetzung, Auflösung, Auslöschung bedeuten. Höckes Agitation richtet sich zugleich gegen die »DDR-Diktatur« und die »Wohlfühldiktatur« der Bundesrepublik (zitiert nach stern online 2019), gegen das »System«, gegen die »neurotische Phase (…), in der wir seit 70 Jahren durch die Weltgeschichte dämmern« (Höcke, Stuttgart, 22.12.2014).

Diese Propaganda kann ihre emotionale Dynamik nur entfalten, wenn überzeugend der bevorstehende Untergang beschworen wird, die dazu entwickelten Ängste in aggressive Emotionen überführt werden, Höcke selbst sich hierzu als Führer der Bewegung anbietet und Ressentiments und Hass gegen das System angesichts der Präsenz zerstörerischer Fremder entfesselt – und wenn er damit auf mächtige Resonanz stößt. Dies geschieht in Veranstaltungen wie dem Kyffhäusertreffen, dem Aschermittwoch im Februar 2018 in Nentmannsdorf, im Wahlkampf Mitte Juli 2019 in Cottbus und zuvor in den Reden in Erfurt. Die Verwandlung der Zuhörer in ein großes Kollektiv soll aus einer Mischung von Verfolgungs- und Größenwahn Stärke suggerieren.

Dazu werden durchaus reale Erfahrungen mit Ohnmacht und Gewaltakten zu Generalanklagen gegen alle größeren ethnischen und religiösen Minderheiten und ihre deutschen Unterstützer missbraucht. Vermeintliche »Kulturfremde« werden als tödliche Gefahr beschworen und zugleich an die bestehenden Kollektiv-Wahrnehmungen appelliert, die sich gegen die Erfahrung von Enttäuschung, Wut und Ohnmacht zu großen Kampfgemeinschaften in sozialen Medien wie in realen Versammlungen je neu munitionieren sollen. Sie sollen den Eindruck von großer Gegenmacht und Widerstand gegen das »System« vermitteln.

Nur in dem Maße, in dem diese Entfesselung kompromisslos – und erfolgreich – gelingt, kann es in dieser Perspektive eine Umkehr aus der Gefahr des Untergangs geben. Je länger und intensiver diese Gemeinschaftserfahrung nach innen und außen entwickelt wird, desto hermetischer ist der Blick auf die Gefahr von außen und umso größer die Entschiedenheit zur unbedingten Abwehr, zur »Revolte gegen den großen Austausch«,[32] zur letzten Schlacht gegen jene, die längst eine kriegerische »Invasion« mit dem Ziel des Untergangs der eigenen weißen Identität organisieren würden. Am Ende dieser emotionalen Eskalation stehen eine apokalyptische Untergangspropaganda und der Griff zum Widerstand.[33]

---

[32] So der Titel des im Antaios-Verlag verlegten Buches von Renaud Camus (2016, Erstausgabe in Frankreich 2011).

[33] »Je radikaler der Umsturz und die Schritte dorthin sein müssen, desto drastischer zeichnen Rechtsradikale das Untergangsszenario, das eintritt, wenn keine extremen Veränderungen vorgenommen werden. Diesem Teufelskreis folgend, kennt AfD-Rechtsaußen Höcke nur pessimistische Superlative. Zum Zweck der Untergangspropaganda ist jeder Anlass recht.« (Quent 2019: 151f.) Höcke schrieb zum Beispiel auf Facebook im April 2019 zum Brand der Kathedrale Notre Dame in Paris: »Welches Bild könnte unsere apokalyptische Zeit besser beschreiben?« Und im Sommerinterview mit dem Mitteldeutschen Rundfunk 2016 sagte er, ohne die AfD fürchte er »das Abgleiten dieses Landes in den Bürgerkrieg«.

Nicht in denselben, aber doch in den gleichen Fluss? – Björn Höcke – kein Zwiegespräch
Ein Exkurs von Gertrud Hardtmann

Bei dem hier untersuchten Gesprächsband (Höcke/Hennig 2018) handelt es sich nicht um ein Zwiegespräch, denn Hennig bleibt weitgehend in der Rolle des Zuhörers, der – bis auf wenige Momente – sein Gegenüber nicht kritisch hinterfragt, sondern ihn reden lässt. Dadurch kann Höcke assoziativ seinen Einfällen folgen, die Überraschendes, Widersprüchliches und – aus psychoanalytischer Sicht – auch unbewusste Verknüpfungen – enthalten. Der Kopf kann anscheinend nicht alles, was an Gefühlen und Affekten hochkommt, kontrollieren. Höcke wirkt mitunter wie der Titel eines Bildes von Caspar David Friedrich, das neben seinem Kamin hängt: »Wanderer über dem Nebelmeer«. Starke Gefühle und lebhafte Phantasien scheinen in seinem Kopf Nebel zu erzeugen und die »Aussicht oder Einsicht (zu) trüben« (Grimm: Deutsches Wörterbuch 1889/1984: Sp. 476): Nebel steht auch »bildlich für etwas, das dem körperlichen oder geistigen Blicke die Ausssicht und Einsicht trübt, das Täuschende, Betrügliche, Ungewisse, Unklare, Irrthümliche, auch das Betrübende und Beklemmende, in vielfachen Beziehungen« (ebd.).

Vieles, was heftige Gefühle auslöst – ängstigt oder begeistert –, stammt aus der kindlichen Auffassungs- und Vorstellungswelt, beim Erwachsenen mitunter angestoßen durch eine aktuelle Erfahrung. Nach dem von Höcke auf spezifische Weise herangezogenen geschichtsdidaktischen Ansatz bilden – bei Kindern – »Geschichtsimaginationen« und ein »ausschmückendes Erkennen ... eine Säule des menschlichen Geschichtsbewußtseins ...«: »Aus meiner kindlichen Vorstellungswelt ist dann irgendwann die Erkenntnis entstanden, dass das Vergangene auch im Heute präsent und damit real ist.« (Höcke/Hennig 2018: 25).

Traumatisches Ineinanderfließen von Vergangenem und Gegenwärtigem

Dass Vergangenes und Gegenwärtiges ineinanderfließt, kennen Psychotherapeuten bei Menschen mit Traumatisierungen. Diese haben so tiefgreifende Spuren in der Seele hinterlassen, dass bei bestimmten Anlässen das Vergangene wieder »real« wird, allerdings nicht »ausgeschmückt«, sondern »leibhaftig«. Michael Rothberg (2009) nannte das »traumatischen Realismus« (2009) bezogen auf das autobiografische Buch »weiter leben« von Ruth Klüger (1992), einer Überlebenden von Auschwitz. Im Gegensatz zu realen Traumatisierungen geht es, was die NS-, die Kriegs- und Nachkriegszeit anbetrifft, bei dem 1972 geborenen Höcke um durch kindliche Vorstellungen überlagerte und überarbeitete Bilder des Vergangenen. Diese können ebenfalls im Heute präsent sein, wenn der Erwachsene partiell in kindlichen »Tagtraumwelten« lebt, in denen Widersprüchliches – wie im Traum – nebeneinander steht und stehen bleiben kann, ohne dass sich das erwachsene kritische Bewusstsein ernsthaft damit beschäftigt. In Tagträumen dominiert ein idealistisches Wunschdenken, das sich mit peinlichen oder schmerzlichen Realitäten nicht auseinandersetzt. »Diese Phantasien sind Wunschbefriedigungen; aus der Entbehrung und der Sehnsucht hervorgegangene ... Tagträume werden mit großem Interesse besetzt, sorgfältig gepflegt ...« (Freud 1908/1966a: 191-199, hier 192)

»... es ist z.B. von den Mythen durchaus wahrscheinlich, daß sie den entstellten Überresten von Wunschphantasien ganzer Nationen, den *Säkularträumen* der jungen Menschheit, entsprechen.« (Freud 1908/1966b: 222)

Widersprüche, Auslassungen

Mein erster und prägender Lese-Eindruck bezog sich auf die zahlreichen Widersprüche und Auslassungen, betreffend die NS-Zeit, die bei einem ausgebildeten Historiker erstaunlich sind. Höcke beschreibt mit einem rückwärtsgewandten und einseitigen Blick die Vergangenheit. So spricht er als Erwachsener z.B. von den Vertreibungen und Zerstörungen durch den Bombenkrieg

1945, die er als Kind über die Narrative der aus Ostpreußen vertriebenen Großeltern erfahren hat, als »Massenvertreibung aus Ostdeutschland (!)«, er beklagt »die 100 000 Alten, Frauen und Kinder, die durch das Inferno des anglo-amerikanischen Bombenterrors umkamen« (Höcke/Hennig 2018: 39), ohne an den Bombenterror, die Vertreibungen und das Inferno zu erinnern, das Deutsche angerichtet hatten. Oder er idealisiert Preußen, ohne die Schattenseiten zu erwähnen, und unter Auslassung dessen, was nicht in sein Konzept passt, dass jeder ›nach seiner Façon selig werden‹ kann. »Betrachten wir einen gestandenen preußischen Offizier aus dem sogenannten (?) Obrigkeitsstaat Friedrich des Großen: er war im Ideal ein unabhängiger Geist mit Ecken und Kanten, eine eigenwillige Persönlichkeit – und gleichzeitig ein treuer Diener des Staates und seiner Bürger.« (Ebd.: 31f.)

Die Wertschätzung von »Dialog«, wie er von Martin Buber verstanden wird, auf den Höcke sich beruft, scheint bei ihm selbst in seiner Rolle als Pädagoge an Grenzen zu stoßen: So sieht er sich durch ausländische Schüler provoziert, die in der Schule T-Shirts mit der Aufschrift *Turkey, Russia, Italy* tragen – der englische Kinderpsychotherapeut Winnicott (1974) würde sagen »im Zeichen der Hoffnung, verstanden zu werden«. Die Wertschätzung fehlt auch gegenüber politischen Gegnern, die pauschal und mit deutlichem Affekt diffamiert und entwertet werden: als ›Realitätsverweigerer, Hysteriker, Schizophrene, Autoaggressive, Psychopathen‹ (Höcke/Hennig 2018: 91).

Untergangsszenarium und Einheitsmythos

Was den gegenwärtigen Zustand in Deutschland anbetrifft, beschreibt Höcke ein Untergangsszenarium: »Wir erleben die finale Auflösung aller Dinge, von den Identitäten der Geschlechter und Ethnien, der Familie, den religiösen Bindungen über die kulturellen Traditionen, den Sinn für Form und Maß, ... bis hin zu den schützenden und formenden Grenzen der Staaten und Kulturen.« (Ebd. 2018: 261f.).

Tatsächlich erleben wir die Auflösung von jahrhundertelang nicht hinterfragten Vorurteilen, was Identitäten (nicht nur der

Geschlechter) anbetrifft, eine einmalige (!) Auflösung der Grenze 2015 und – aktuell – eine zwar nicht mehr aufhaltbare, aber doch national und mit internationaler Zusammenarbeit steuerbare globale Corona-Epidemie. Das beschworene Untergangsszenario verlangt – ernst genommen – ein sofortiges Eingreifen und passt nicht zur Beschaulichkeit eines Pfarrhauses in Thüringen und zu den abschließenden Sätzen von »einem guten Wein und Philosophie« (ebd.: 291). Träumt der Romantiker Höcke, und er wäre nicht der erste Deutsche, von einer »Wiederverzauberung der Welt«, in der Mythen (Nibelungen, Lohengrin, Kyffhäuser) identitätsstiftend sind und eine völkische Religion das deutsche Volk eint?[34] »Wir (müssen) uns um eine metaphysische Wiederverankerung bemühen ... eine neue Gemeinschaftlichkeit, auch einen inneren Halt, der sich aus primär religiösen Substanzen speist.« (Ebd.: 267) »Wir brauchen im Grunde eine neue Volkskirche, die wie das alte Gotteshaus im Dorf in der Mitte der Gemeinschaft steht ... Eine neue Volkskirche müsste die tradierte Frömmigkeit, die sich bis heute in verschiedenen Bräuchen und Ritualen erhalten hat, mit der idealistisch-romantischen Vorstellung einer beseelten Natur und dem ursprünglich spirituellen Impuls des Christentums verbinden.« (Ebd.: 268)

Dem Historiker könnte an dieser Stelle »Ein, Volk, ein Reich, ein Führer«[35] einfallen, was nicht heißt, dass diese Visionen gleich sind. Sie beinhalten aber doch ähnliche Wünsche und Phantasien von »Einheit«, die seit Jahrhunderten Dichter, Denker und Poli-

---

[34] Im »Geschichtsbuch der Deutschen«, dem von Jakob und Wilhelm Grimm begründeten »Deutschen Wörterbuch« (1854/1984), finden sich 80 Spalten, die sich ausführlich und umfangreich mit dem Thema »Volk« und »völkisch« in der deutschen Literatur, Kultur und Politik beschäftigen.

[35] Siehe dazu: »Die breite Masse eines Volkes besteht nicht aus Philosophen; gerade aber für die Masse ist der Glaube häufig die einzige Grundlage einer sittlichen Weltanschauung überhaupt.« Adolf Hitler, in: Mein Kampf. 1933: 293.

tiker in Deutschland beschäftigt haben;[36] nicht selten mit einem neidisch-abwehrenden Blick auf Frankreich und die Französische Revolution als »Einheit« stiftenden Gründungsmythos oder auf Englands konstitutionelle Monarchie oder auf die Juden, die es vermeintlich geschafft haben, trotz der Zerstörung des Tempels und der Vertreibung durch einen Mythos von Religion und Geschichte über Jahrtausende ein intensives Zusammengehörigkeitsgefühl zu bewahren.

Die verspätete politische Einigung in Deutschland, – selbst Otto von Bismarck war nicht überzeugt, dass sie schon erreicht war,[37] und Plessner (1959) spricht von der »verspäteten Nation« – hat nicht verhindert, dass seit den Freiheitskriegen und verstärkt in der Romantik spezifisch deutsche nationale Träume von »äußerer und innerer Einheit« entstanden sind. Die erstere kann nationalistisch dogmatisiert werden und damit eine Ähnlichkeit zu religiösem Denken entwickeln (Jansen/Borggräfe 2007/2020: 107-110). Bei der letzteren ist fraglich, ob sie überhaupt individuell und sozial möglich ist, da Menschen allgemein, auch die Deutschen, untereinander verschieden und auch individuelle Ambivalenzen und Ambiguitäten normal sind. Aber diese Sehnsucht nach »Einheit« kannte auch Martin Luther und versuchte ihr gerecht zu werden, indem er alles, was seinem Glauben widersprach, ausschloss:

»ich hab nu ausz meinem hertzen weg gejagt alle anderen glauben, sie heiszen auch wie sie söllen.«[38]

[36] Grimms Deutsches Wörterbuch enthält 62 Spalten Literatur zum Thema.

[37] Dazu schrieb er wenige Jahre nach seinem 1890 erfolgten Rücktritt als Reichskanzler: »Gleichwohl bewahrte ich innerlich meine nationalen Empfindungen und den Glauben, daß die Entwicklung der nächsten Zukunft uns zur deutschen Einheit führen werde.« Bismarck, Gedanken und Erinnerungen. Band 1: 20. Zit. nach Grimm, Band 4: Sp. 7913

[38] Siehe in den Tischreden von Martin Luther (1573), zit. nach ebd.: Sp. 7787.

Neuere Historiker und Sozialwissenschaftler haben sich mit der Gläubigkeit[39] der zumeist christlich sozialisierten Deutschen in der NS-Zeit befasst (Blaschke/Großbölting 2020) und festgestellt, dass viele evangelische und katholische Christen sowohl gläubige Christen als auch Nationalsozialisten waren, obgleich die Widersprüche aus religiöser Sicht unvereinbar sind. Das wurde möglich durch eine Gläubigkeit, die ein Nebeneinander ermöglichte, solange bewusst keine Beziehung und Konfrontation in den wesentlichen Aussagen hergestellt wurde. Durch diese innere Konfliktvermeidung konnte man den Widersprüchen erfolgreich aus dem Weg gehen. Allerdings wirft das auch Fragen auf, inwieweit der christliche[40] oder der nationalsozialistische »Glaube« wirklich ernst genommen oder der innere Friede mit einem unverbundenen Nebeneinander bzw. der Verdrängung von Verbrechen erkauft wurde. Auf Nebenkriegsschauplätzen – Weihnachts- und Wintersonnenwendefeiern – konnte das ohnehin konfliktfrei ausgelebt oder von den Nationalsozialisten geschickt adaptiert werden, wie z.B. durch den Nikolausbrauch (Thieme 2020).

Apokalyptisches Untergangsszenario und eine religiös-politische Rettungsphantasie

In dem Gespräch werden die Widersprüche weder benannt noch geklärt, aber wie in einem Tagtraum eine Vision von einer einigenden »deutschen Religion« entworfen, in der Mythos, Volkstümliches, Sprache, Geschichte und Blutsverwandtschaft als Rettung gegen einen drohenden Untergang beschworen werden: Ein

---

[39] Dieser Begriff bezeichnet – nach Grimm – außer religiösen Konnotationen »subjektiv einen seelisch-geistigen Habitus einer Person, einer Menschengruppe ..., objektiv eine Glaubensauffassung oder -lehre«, oft auch mit scharfen Schüssen auf »falsche Gläubigkeiten« oder auch ein argloses Anknüpfen an kindliche Vorstellungen. Grimm, Band 7, Sp. 7903f.

[40] Die Rechtsbrüche und Verbrechen seit 1933 hätten den »Christen« das Herz zerreißen müssen ...

apokalyptisches Untergangsszenarium gebiert eine quasi-religiöse Rettungsphantasie.

Alle Religionen befassen sich mit Ängsten und Unsicherheitsgefühlen der Menschen (Angst vor Tod, Krankheit, Unglück, Untergang) und wecken zukunftsgerichtete Hoffnungen, deren Erfüllung metaphysisch – soweit sie auf das Jenseits gerichtet sind – weder falsifiziert noch verifiziert werden können.

Politische Religionen‹ oder Heilsversprechungen müssen sich dagegen im Diesseits behaupten, d.h. ihren Versprechungen und Hoffnungen für die Zukunft müssen auch Taten folgen, sonst verlieren die Führer ihre Glaubwürdigkeit; sie sind also an den Erfolg gebunden, was eine permanente Vorwärtsstrategie notwendig macht.[41]

Visionen von Tod, Untergang, Auflösung, Endlichkeit haben etwas Bedrückendes und Beklemmendes. Angesichts einer realen oder phantasierten Gefahr wecken sie Ängste und Unsicherheiten. Dazu gehören aktuell auch allzu schnelle individuelle und soziale Veränderungen, die Beklemmungen auslösen und an die Begrenztheit des menschlichen Lebens und den Tod erinnern können. Wenn man nicht mithalten kann, wird man schon zu Lebzeiten abgehängt, was als eine narzisstische Kränkung und Bedrohung erlebt wird, auch wenn es nicht unmittelbar materiell einschneidend ist, denn man muss sich mit dem Leben und der Tatsache der Vergänglichkeit auseinandersetzen.

---

[41] Nach Ulrich Wehler (Nationalismus. Geschichte, Formen, Folgen. München 2001) gehören zu einem Nationalismus, vermischt mit religiösen Vorstellungen, ein umfassendes Weltbild und gemeinschaftliche Grundannahmen: 1) Nation als »auserwähltes Volk«, 2) das Territorium als »heiliges«, d.h. unantastbares Land und potenzielle Konkurrenten als »Todfeinde«, 3) eine nationale Mission, 4) eine Gemeinschaft stiftende Brüderlichkeit. Klenke identifizierte 2001 fünf Kernelemente des deutschen nationalreligiösen Denkens: Die Sprache und Sippengemeinschaft, die Befreiungskriege als Heilsgeschichte, eine Kampf- und Aufopferungsethik und ein Führerglaube (zit. nach Jansen/Borggräfe 2020: 108-110).

Höcke beschäftigt sich mit dem Tod und hofft – ein Trost für viele – auf ein Weiterleben in den kommenden Generationen (Höcke/Hennig 2018: 26). Ein anderer Trost ist, sich unvergesslich in das Buch der Geschichte im Guten oder – wie Hitler – im Bösen einzuschreiben oder sich zum ›Todes-Meister‹ zu machen, indem die eigene Todesangst in andere – die Opfer – projiziert und diese als Auffangbehälter für die unerträgliche Unsicherheit benutzt – und als Hoch- und Machtgefühl – anstelle von Ohnmacht – erlebt wird (Hardtmann 2001: 1027-1050).

… und die Vernichtungswut

Soweit der Andere erst in der Projektion verzerrt wahrgenommen und dann paranoid gefürchtet wird, entsteht die Situation des »Er oder ich«, die in jedem realistischen oder phantasierten Kriegszustand erlebt wird. Das ist bei strengen und fundamentalistischen »Gläubigkeiten« insofern subjektiv auch realistisch, als der Ungläubige prinzipiell als Bedrohung erlebt wird, weil er Zweifel wecken und fundamentale Sinnfragen und Annahmen (siehe Martin Luther) infrage stellen könnte. Wenn das Fundament, auf dem man steht oder auf das man sich gestellt hat, wackelt, weckt das Ängste und Verzweiflung.

Da Gemeinschaftserfahrungen prägend für jeden Menschen sind, bilden familiäre und nationale Vorurteile sowie religiöse Bindungen, wenn sie bereits früh aufgenommen wurden, tragende und meist unbewusste Stützen unseres Selbstwertgefühls und unseres Selbstbildes. Aus solchen »Gläubigkeiten« lässt sich politisches und wirtschaftliches Kapital schlagen, deshalb provoziert eine fundierte Kritik bei den Profiteuren auch »Killerinstinkte« (siehe Trump[42]).

Viele in der NS-Zeit als Feinde, »Ungeziefer« und Krankheitserreger Diffamierte identifizierten sich im hohen Maße mit der deutschen Sprache, Kultur und Gesellschaft. Auch als ehemalige Teilnehmer des Ersten Weltkriegs wurden sie nicht von der Verfolgung verschont. Angesichts der Verbrechen der Nazis

[42] Siehe dazu näher Kapitel 4.

klingt das Wort »Amputation«, das Höcke im Hinblick auf eine zukünftig notwendige Operation an Deutschland bedenkenlos benutzt, erschreckend. Denn darin ist bereits enthalten, dass an unserem Volkskörper, wenn man diese Metapher ernstnimmt, schwer kranke Teile sind, die aus lebenserhaltenden Gründen amputiert werden müssen. Höcke konkretisiert nicht, welche Teile das sind, aber er gibt Hinweise, dass es die als »fremd« Definierten sind, z.B. Migranten, die »remigriert« werden müssen. Nach seinem ›Einheits-Weltbild‹ könnten das unter anderem auch die Deutschen sein, die sich als Männer und Frauen nicht in die von ihm aufgestellten Leitbilder zwängen lassen wollen, Menschen, die offen sind für fremde Kulturen, die nach sexueller Selbstbestimmung streben, Mythen kritisch sehen und sich seinen Stereotypien von Mann und Frau widersetzen: »Wehrhaftigkeit, Weisheit und Führung beim Mann – Intuition, Sanftmut und Hingabe bei der Frau« (Höcke/Hennig 2018: 115).

Dem »Historiker« Höcke ist sicher bekannt, dass Männer bis zur Selbstaufgabe (»Nibelungentreue«) hingabefähig waren und sind, dass Frauen bereits in der Kindererziehung und im Beruf führen und dass zu Sanftmut auch Mut gehört. Und Intuition/Spontaneität? Wer wünscht sich das nicht? Höcke verachtet nicht das Land, in dem er aufgewachsen ist, aber die Politiker, unter deren Regierungen ihm alle Chancen eingeräumt worden sind und die es nach zwei Weltkriegen bis heute geschafft haben, seit 1945 den inneren und äußeren Frieden zu sichern. Aber woher kommt der heftige Affekt – ablesbar in den Bewertungen *irrsinnig, hysterisch, desaströs, unsinnig, soziale Schieflage* – und diese totale und fundamentale Anerkennungsverweigerung?

»Themen wie der Gender-Irrsinn, die hysteriegesteuerte ›Energiewende‹, die gescheiterte Ausländer-Integration, und die desaströse Euro-Rettungspolitik, aber auch der unsinnige Konfrontationskurs gegenüber Rußland und die soziale Schieflage waren nur einzelne Puzzleteile in einem negativen Gesamtbild.« (Ebd.: 108)

Er benennt nicht konkret, *was* er ändern will. Nur das ›*Wie*‹ ist klar: Die parlamentarische Demokratie abschaffen, einen autoritären Staat nach dem Muster von Preußen einrichten (allerdings ohne dass jeder ›nach seiner Façon selig werden kann‹) und eine Welt nach seinen Vorstellungen unter Berufung auf prägende Mythen schaffen.

Der Einheitsgedanke ist eine Utopie, soweit er nicht eine ›Einheit in der Vielfalt‹ bedeutet. Denn er ist – absolut genommen – eine Konfliktverleugnungs- oder -vermeidungsstrategie, wie jeder aus der Erfahrung mit sich selbst, der eigenen Familie und Gruppe weiß. Mit dem Ausweichen vor Ambivalenzen und Ambiguitäten gaukelt man sich eine ideale paradiesische Welt vor, in der sich alle Widersprüche in Harmonie auflösen. Das ist punktuell in einem seltenen Glückszustand möglich; doch jeder weiß, dass das nicht von Dauer ist.

Höckes Entwurf von einem zukünftigen Deutschland ist vor allem ein Produkt seiner Phantasie: Er schnitzt sich ein Volk zurecht, das seinen Vorstellungen entspricht. Doch Menschen sind kein totes Material und auch nicht unbegrenzt dressier- oder formbar, selbst wenn mit autoritären Erziehungsstilen versucht wird, das Fremde einem Kind so intensiv einzuverleiben, dass es sich damit identifiziert und dem eigenen Selbst entfremdet. Wenn einem Kind von Geburt an mit ›sanfter Gewalt‹ ein fremder Stempel – auch unter dem Deckmantel des ›Ich-weiß-was fürdich-gut-ist‹ – aufgedrückt wird, ehe es ein selbstbewusstes Ich entwickelt hat, entsteht ein ›fremdes‹ und ›falsches‹ Selbst. Das war das subjektiv vielleicht ›gut gemeinte‹ und dennoch nicht gute autoritäre Konzept einer Kindererziehung in der NS-Zeit (Haarer 1939). Ich unterstelle Höcke, dass sein Konzept ›gut gemeinte‹ Anteile enthält, z.B. eine Antwort auf die manche Menschen beklemmende und bedrückende Angst vor Überfremdung und Auflösung des Eigenen angesichts der Krisen der Moderne. Aber solche Angst kann nicht nur äußerlich, sondern auch innerlich ausgelöst werden, wenn man aufgrund der Erfahrungen in der Herkunftsfamilie (unbewusst) unter Druck steht (Lohl/Moré 2014), unverarbeitete vergangene Niederlagen und Ressentiments aufarbeiten zu müssen und sich nicht der Gegenwart – ohne Schuldgefühle – zuwenden zu können. Ein unbewusstes

Sendungsbewusstsein – insbesondere was Anerkennungsdefizite anbetrifft – kann in der Familiendynamik über Generationen weitergegeben werden, bis jemand diese emotionale ›Fesselung‹ beendet.

Irreführende Idealisierungen

Ist es daher sinnvoll, sich an vergangenen Mythen und Gläubigkeiten zu orientieren, anstatt an der lebhaften und bunten Gegenwart? In einer lebendigen Demokratie handelt man mit seinen Mitmenschen aus, wohin die Entwicklung gehen soll. Das wird durch tiefsitzende Ressentiments verhindert, die Höcke offensichtlich mit seinen Anhängern – wenn auch wahrscheinlich aus unterschiedlichen Quellen – teilt. Wird da etwas aus der Familiengeschichte auf die heutige Regierung und die Gesellschaft übertragen?

Anerkennungsdefizite hat es in Deutschland nach zwei verlorenen Weltkriegen, in denen Menschen ihr Leben für dieses Land und für einen Verbrecher eingesetzt haben – generationenübergreifend, Höcke erwähnt zweimal seine aus Ostpreußen vertriebenen Großeltern –, gegeben. Auch das sind Traumatisierungen, selbst wenn man unschuldig und schuldig zugleich war, die man nicht ungeschehen machen kann; unverarbeitet hinterlassen sie – wie alles Unverarbeitete in der Familiengeschichte – Ressentiments, die immer wieder hochkommen und an die nächsten Generationen weitergegeben werden.

Gefährliche Tagträume

Möglicherweise resultiert der Affekt auch aus Enttäuschungen über zu hoch gespannte Erwartungen an sich selbst und an eine ideale Welt, die nie erreicht, aber auch nicht aufgegeben werden. Die französische Psychoanalytikerin Chasseguet-Smirgel (1951) hat das »die Krankheit der Idealität« genannt, eine sehr deutsche »Krankheit«, bei der das unerreichbare Ideal als einzige Messlatte dient, was dauerhaft Minderwertigkeitsgefühle hervorruft. Die Symptome sind ständige Anerkennungsdefizite, Selbstentwertungen oder Depressionen (vgl. auch D. Funke 2016).

Die NS-Führung missbrauchte verführerisch die Ressentiments angesichts der Zersplitterung der Parteien in der Weimarer Republik, des verlorenen Ersten Weltkrieges, der Weltwirtschaftskrise, der Angst vor dem Kommunismus, indem sie den Glauben an eine nationale Wiedergeburt weckte und für sich ausnutzte, um mit brutaler Gewalt ihre Ziele durchzusetzen. Einheit oder Homogenität des deutschen Volkes waren damals und sind heute eine Illusion. Das Volk war – wie auch andere Völker – vielfältig gespalten; Risse gingen 1933, 1945 und 1989 mitten durch die Gesellschaft. In der NS-Zeit war nur mit falschen Versprechungen, durch Ausnutzung der ›Gläubigkeit‹ der Volksgenossen und mit brutaler Gewalt eine ›uniformierte Einheit der Gesellschaft‹ durchzusetzen.

Der Tagtraum Höckes von einer zukünftigen Gesellschaft ist nicht dasselbe, aber er zeigt Züge einer Vergangenheit, die so einengend ist, dass ein Anschluss an die gegenwärtige, vielfältige, konfliktreiche, ganz zweifellos in Veränderung begriffene Welt, kaum möglich erscheint. Das weiß auch Höcke mehr oder weniger bewusst, denn aus einem Ohnmachtsgefühl stammt auch die Wut, die bei der apokalyptischen Vision von einer Auflösung des Parlaments/der Demokratie (»in die Zange nehmen über die Opposition im Parlament und die Mobilisierung der Straße«) der Motor ist. Er bezeichnet sich selbst als »Ruhestörer« und wünscht sich in Deutschland 80% ruhestörende Alpha-Männer, die ihre innere Unruhe in die Gesellschaft tragen: Auf der Flucht vor sich selbst?

Geschlechtstypisierungen und Anerkennungsdefizite

Dass diese Unruhe auch sexuelle Konnotationen hat, eine gefühlte und auch reale Bedrohung eines herkömmlichen Männlichkeitsbildes, in dem die Herrschaftsgebiete von Mann und Frau noch sauber getrennt waren, ist möglich: »Großmutter war die Herrin des Hauses und Großvater der Herr des Feldes.« (Höcke/Hennig 2018: 35) Durch die ›saubere‹ Trennung kommt man sich nicht ins Gehege und so werden Konflikte vermieden. Was bewegt ihn und seine Anhänger am stärksten? Anerkennungsdefizite hinterlassen Wunden und wecken Gefühle von Enttäuschung, Ärger, Wut, insbesondere wenn sie von dem Gegenüber nicht wahrgenommen oder zwar gesehen, aber verleugnet werden. Die Nichtanerkennung der Würde vieler Menschen blieb jahrhundertelang unbeachtet (Sklaverei, Kolonialismus, Rassismus, Sexismus) und in der bewussten Wahrnehmung, obgleich ständig präsent, unsichtbar (Ellison 1947). Diese Defizite werden zunehmend, nicht nur in Deutschland, thematisiert (siehe insbesondere Eribon 2018). Es geht um die Anerkennung der Unantastbarkeit aller Menschen, der Spätfolgen langanhaltender Diskriminierung durch Ausbeutung und Rassismus und der Unverfügbarkeit des Anderen.

Rehabilitation vom Nationalsozialismus und Kommunismus?

Zur Entfremdung trägt bei, dass man seine Gefühle zwar wahrnimmt, aber falsch zuordnet, was ebenfalls zu Vorurteilen und Ressentiments und positiv und negativ zu falschen Schlussfolgerungen führen kann wie die von Höcke, dass Nationalsozialismus und Kommunismus versucht hätten, sich der Globalisierung und Wachstumsideologie zu widersetzen:

»Der Nationalsozialismus und Faschismus sowie der Kommunismus versuchten Anfang des 20. Jahrhunderts mit brachialen Mitteln und Methoden die Krisen der Moderne in den Griff zu bekommen, scheiterten aber dramatisch und hinterließen Trümmerfelder, auf denen sich der zersetzende Materialismus noch ungezügelter ausbreiten konnte.« (Höcke/Hennig 2018: 261)

Soll das heißen: Die ›brachialen Mittel‹ waren ungeeignet, aber der Kampf gerechtfertigt? War in diesem Sinne auch der Nationalsozialismus gerechtfertigt? Es ging Hitler nicht um die ›Krisen der Moderne‹ – schließlich hat ihm auch u.a. eine Krise zur Macht verholfen, – sondern um einen Allmachtsanspruch und die Durchsetzung einer totalitären politischen Ideologie. Sie war auch nicht gänzlich neu, denn bereits in der Romantik ist eine völkische Bewegung gegen Rationalismus und Humanität entstanden, die sich unter dem Einfluss von Sozialdarwinismus und Rassismus noch verstärkte (Stachura 2005: 200). Die ›scheinbar lebensbejahende Aufbruchsstimmung‹ beruhte bei den Bürgern auf Ressentiments und Angst vor einer sozialistischen Revolution und Statusverlust. Wenn der Nationalsozialismus Erfolg gehabt hätte, wäre die traditionelle deutsche Buntheit und Vielfalt zugunsten einer ›Uniformierung der Gesellschaft‹ ausgelöscht worden. Zusätzlich zu den schon ungeheuren »Amputationen« (Sozialisten, Kommunisten, politische Gegner, Juden, Behinderte, Sinti und Roma) wären auch alle die ›Ungläubigen‹, die sich nicht uniformieren ließen, der gleichen ›Operation‹ zum Opfer gefallen. Das Problem ist, dass solche Gewalt und entsprechende Verbrechen auch schuldgefühlsfrei ausgeübt werden können, wenn die Täter selbst ›Gläubige‹ und mit einem Sendungsbewusstsein ausgestattet sind und meinen, dass sie wissen, was für Deutschland, das deutsche Volk gut ist. Die Täter aber sind als »politische Gläubige« »aufgrund einer irreparablen falschen Bilanz (resistent gegen Kritik und Zweifel) mit sich im Reinen ...« (Doderer 1964: 261)

Andreas Kalbitz: Einflussreich – auch ohne Amt

Im innerparteilichen Machtkampf hatte Andreas Kalbitz, seit 2014 Abgeordneter im Landtag Brandenburg, neben und mit Björn Höcke eine unersetzbare, dominante Stellung erreicht. Auch nach dem Entzug der AfD-Mitgliedschaft im Mai 2020, gegen die er gerichtlich vorgeht, ist er in der Partei eine treibende Kraft und ein Strippenzieher und in nahezu allen Aufmärschen aktiv.

1972 geboren, war er seit seiner Jugend, also insgesamt seit knapp 30 Jahren, in fast allen rechtsextremen und neonazistischen Organisationen aktiv oder hat mit ihnen kooperiert. Seine bisher bekannt gewordene Vita zeigt das Muster eines Überzeugungstäters. Andreas Kalbitz wurde 1991, mit 19 Jahren, Mitglied der rechtsextremen Partei Die Republikaner. Er schrieb für die neurechte Wochenzeitung Junge Freiheit und die rechtsextreme Junge Landsmannschaft Ostdeutschland (JLO).

2001 warnte er für den völkischen Witiko-Bund vor einem »Ethnozid am deutschen Volk« und sagt dazu in der »Welt« (1.8.2019): »Dass ich einmal im ›Witikobrief‹ vor einem ›Ethnozid am deutschen Volk‹ geschrieben habe, war eine eventuell etwas unüberlegte Sprachwahl, die sicher meinem Alter geschuldet war.« Da war er 29 Jahre alt.

Er war an zwei Hitler verherrlichenden Kriegsfilmen beteiligt: an »Gefreiter Hitler – der unbekannte Soldat« (2004) und dem 2008 veröffentlichten Film seines britischen Schwiegervaters Stuart Russell »Von Garmisch in den Kaukasus. Die Geschichte der ersten Gebirgsdivision 1941-1942«. Da war er über 30. Die erste Gebirgsdivision war 1941 und 1942 wesentlich für die ungeheuren Massaker an den Lemberger Juden verantwortlich. Diese Geschichte in einem solchen Film nicht angemessen zu thematisieren, ist praktizierte Holocaustleugnung, weshalb auf den Film und den historischen Kontext im folgenden Abschnitt näher eingegangen wird (vgl. auch Funke 2019).

Kalbitz nahm 2007 im Militärlook an einer Veranstaltung der neonazistischen und 2009 verbotenen HDJ (Heimattreue Deutsche Jugend) teil – da war er schon 35. Nur auf massiven Druck gestand er das 2018 ein.

Er war von 2010 bis 2015 Mitglied und bis 2015 – da war er schon an die 43 Jahre alt – Vorsitzender des rechtsextremen, von SSlern gegründeten, von Neonazis und NPDlern bevölkerten, geschichtsrevisionistischen Vereins Kultur- und Zeitgeschichte, Archiv der Zeit.[43] Diese Aktivitäten fanden also noch in der Zeit statt, in der er (seit 2014) Mitglied der Landtagsfraktion der AfD im Brandenburger Landtag war. Programmatisch heißt es in einem Unterstützungsaufruf des Vereins von 1985: »Es besteht sogar die Gefahr, dass künftige Generationen von Deutschen (...) insbesondere die Zeit vor 1945 mit einer teuflischen Epoche gleichsetzen.« Kalbitz hat den Verein erst verlassen, als seine – aktive – Rolle öffentlich gemacht wurde. Er behauptete, er sei dort nie wirklich aktiv gewesen – und das als Vorsitzender![44] »Für mich ist es so, dass ich auch diese Leute, die da teilweise Mitglieder sind, die sind mir näher nicht persönlich bekannt. Es handelt sich um einen relativ inaktiven Verein. Ich hab da keine Tenden-

---

[43] Die Vereinigung wurde am 2. Oktober 1985 als Institut auf Initiative des einflussreichen rechtsextremen Verlegers, ehemaligen SS-Hauptsturmführers und NPD-Funktionärs Waldemar Schütz in Rosenheim mitbegründet. Zu den Vorstandsmitgliedern gehörten Karl Hans Ertl (geschichtsrevisionistischer Publizist), Wolfgang Huber (ehemaliger bayerischer Verfassungsrichter und Leiter der NPD-Rechtsabteilung) und Klaus Christoph Maloh (ehemaliger SS Offizier und Gesellschafter des Nation Europa Verlages). Erklärtes Ziel war die »Sicherung eines wahren deutschen Geschichtsbildes und der Übermittlung der wirklichen deutschen Verhältnisse in den letzten 75 Jahren für die künftigen Generationen«. Im Jahr 1995 feierte der Verein unter Anwesenheit des rechtsextremen, neonationalsozialistischen und als Holocaustleugner hervorgetretenen österreichischen Publizisten und Politikers Otto Scrinzi (FPÖ), der die Festrede hielt, in Goslar sein zehnjähriges Bestehen. Uwe Backes und Eckhard Jesse bescheinigten den Archiv-der-Zeit-Schriften eine »Verherrlichung der Wehrmacht« (aus Wikipedia, heruntergeladen am 29.7.2019).

[44] Vgl. »AfD-Spitzenkandidat A. Kalbitz« – Jung & Naiv: Folge 23 von Tilo Jung. Youtube, 1.7.2019.

zen feststellen können. Wäre das der Fall gewesen, wäre das für mich kein Fall der Aktivität gewesen.« (Klartext vom 14.10.2015) – Eine glatte Lüge des damals 42-Jährigen.

Kalbitz beschäftigte 2015, Anfang 2016 den früheren NPD-Mann Alexander Salomon zehn bis zwölf Stunden pro Woche, für 450 Euro monatlich. Dazu sagte er: »Ich wusste von Salomons früherer NPD-Mitgliedschaft. Er hat für meine Reden recherchiert.« Und: »Das Geld hat der Brandenburger Landtag über die Mitarbeiter-Pauschale bezahlt.« (BZ vom 19.3.2016)

Laut Verfassungsschutz erklärte Kalbitz: »Wir sind nicht bereit, dabei zuzusehen, wie sich unser Land auflöst.« Es sei »durch die Multikultipropaganda der Deutschlandhasser bis hin zu Selbstvernichtung verblendet« (BfV 2019: 74f.).

Im Mai 2018 plädierte er im »Institut für Staatspolitik« für einen »nationalen Sozialismus« – eine kaum verdeckte Verbeugung vor dem Nationalsozialismus. Da war er 46.

Am 1. September 2018 überschritt er mit Björn Höcke, Jörg Urban, den Pegida-Spitzen um Lutz Bachmann in der ersten Reihe den braunen Rubikon. Er hakte sich mit rechtsextremen und gewalttätigen Hooligans unter. Dieses Fanal von Chemnitz löste eine Welle der Gewalt, Angriffe auf jüdische, persische und türkische Restaurants und die Bildung einer terroristischen Vereinigung »Revolution Chemnitz« aus.

Auf dem Kyffhäusertreffen 2018 hielt Kalbitz fest: »Die AfD ist die letzte evolutionäre Chance für dieses Land. Danach kommt nur noch ›Helm auf‹.«

Filmische Preisung der Wehrmacht und Holocaust-Leugnung

Der Film »Von Garmisch in den Kaukasus«, zu dem Kalbitz das Drehbuch verfasste, besteht zu 90% aus Interviews mit Landsern der ersten Gebirgsdivision: mit dem Zugführer Werner Jacobi, dem Soldaten und Filmer Wolfgang Gorter, dem Soldaten und Maler Wilhelm Meyer-Sorgk, dem Bediensteten Hitlers am Obersalzberg Herbert Dühring und dem ehemaligen General der ersten Gebirgsdivision Anton Leeb. In diesem Film wird die erste Gebirgsdivision glorifiziert und die Verantwortung für die Verbrechen an Juden in Lemberg mit keinem Wort erwähnt, daher soll er hier in den historischen Kontext gestellt werden.

Im Zuge der Eroberung von Lemberg am 30. Juni 1941 und in den wenigen folgenden Tagen kam es zu Pogromen an Juden in der Stadt, die zu den schlimmsten im beginnenden Holocaust zu zählen sind. Dabei wurden mehrere 1.000 Jüdinnen und Juden umgebracht. Da die Stadt von der 1. Gebirgsdivision der Wehrmacht erobert worden ist, fragt sich, in welcher Weise sie gegebenenfalls an diesem Pogrom beteiligt war oder ob sie für dessen Unterlassung eingetreten ist.

Zur Vorgeschichte dieser Pogrome gehört, dass die Rote Armee wenige Tage zuvor Lemberg fluchtartig verlassen hatte. In den Gefängnissen des sowjetischen NKWD waren ca. 3.000 bis 4.000 Gefangene, u.a. Ukrainer, Polen und Juden, getötet worden. Nachdem die Rote Armee die Stadt widerstandslos geräumt hatte, traf die einmarschierte Gebirgsdivision auf eine ukrainische Bevölkerung, die sie als Befreier von den Sowjets mit Blumen begrüßt hätten.[45] Der Oberbefehlshaber der 17. Armee, Karl-Heinrich von Stülpnagel, hatte das 49. Gebirgs-Armeekorps beauftragt, alle zur Aufrechterhaltung von »Sicherheit, Disziplin und Ordnung« erforderlichen Maßnahmen im Stadtgebiet Lemberg anzuordnen. General Kübler ernannte kurz darauf Oberst Karl Wintergerst zum Kommandanten der Stadt, mit der Maßgabe, »alle Maßnahmen zu treffen, die für die Aufrechterhaltung der militärischen und bürgerlichen Ordnung erforderlich sind«. Zur Durchführung seiner Aufgabe wurde Wintergerst pauschal ermächtigt, »die schwersten Maßnahmen gegen jedermann zu ergreifen«.[46]

---

[45] So die für das Folgende herangezogene bisher genaueste Rekonstruktion von Meyer 2010.

[46] Zur Erfüllung der Aufgabe wurden ihm zwei Bataillone der 1. Gebirgsdivision und das Lehr-Regiment Brandenburg z.b.V. (zur besonderen Verwendung) 800 unterstellt. Diesem Bataillon 800 wiederum war das inzwischen aus ukrainischen Nationalisten rekrutierte Bataillon Nachtigall mit einer Stärke von 400 Mann unterstellt, das von deutschen Offizieren befehligt wurde. General Lanz entschied, das von Salminger

Tatsache ist, so einer der angesehensten Historiker des Holocaust, Peter Longerich, »dass ukrainische nationalistische Kreise aufgrund der Nachrichten von den sowjetischen Gräueln unter den Augen der deutschen Besatzungsmacht begannen, auf blutige Weise ›Vergeltung‹ an Juden, Russen und Kommunisten zu üben, die sie pauschal für die Untaten der Sowjets verantwortlich machten« (Longerich 1998: 337).[47] Die beiden Einsatzkommandos erschossen (mit Unterstützung der ukrainischen Miliz) am 2. Juli und den folgenden Tagen festgenommene Lemberger Juden außerhalb der Stadt und bemühten sich dabei, den Anschein einer förmlichen »Repressalie« (im Sinne des Völkerrechts) auf-

geführte dritte Bataillon Wintergerst zu unterstellen. Zu den Pogromen gegen die jüdische Bevölkerung am 30. Juni 1941 kam es also unter dem Stadtkommandanten von Lemberg, Oberst Karl Wintergerst, der für diese Aufgabe von der 1. Gebirgsdivision eingesetzt worden war. So sieht man »auf den Fotos, die misshandelte Juden in Lemberg wenige Stunden vor ihrer Ermordung, um den 30. Juni 1941, zeigen, Offiziere der ersten Gebirgsdivision, Angehörige der Feldgendarmerie und der Geheimen Feldpolizei. Dabei spielten Ukrainer des Bataillons Nachtigall die wohl aktivste Rolle im Zusammentreiben der Juden.« Hinzu kommt, dass der Stadtkommandant Wintergerst die »Bergung der Leichen, deren Abtransport und Bestattung, die sogenannten Aufräumarbeiten, auch in den folgenden Tagen durch Juden ausführen ließ.« (Meyer 2010: 34)

47 »Zu diesen Vorgängen heißt es in den Ereignismeldungen: ›In Lemberg trieb die Bevölkerung etwa 1.000 Juden unter Misshandlung zusammen und lieferte sie in das von der Wehrmacht besetzte GPU Gefängnis ein.‹« (Longerich 1998: 737) Und: »Von der Sicherheitspolizei wurden etwa 7.000 Juden zur Vergeltung für die unmenschlichen Gräueltaten zusammengetrieben und erschossen. 73 Mann wurden als Funktionäre und Spitzel des NKWD ermittelt und ebenfalls erschossen. 40 Mann wurden aufgrund begründeter Anzeigen aus der Bevölkerung erledigt. Erfasst wurden vor allem Juden zwischen 20 und 40 Jahren, wobei Handwerker und Spezialarbeiter, soweit angebracht, zurückgestellt wurden.« Die Tatsache, dass die Einsatzgruppe die Initiative bei den Lemberger Massakern übernahm und die bereits in Gang gekommenen blutigen Ausschreitungen in Form einer »Repressalie« gezielt gegen die männliche jüdische Bevölkerung lenkte, ist möglicherweise auf einen direkten Eingriff Hitlers zurückzuführen. (Ebd.: Fn. 209)

rechtzuerhalten. Währenddessen nahm die »Vergeltung« an den Juden innerhalb der Stadt Züge einer auf exzessive und brutalste Weise durchgeführten Blutorgie an, bei der sich, folgt man der Tagebucheintragung eines Einsatzkommando-Mitgliedes, vor allem Wehrmachtsangehörige hervortaten. (Ebd.: 338)

Es ist in den herangezogenen historischen Berichten[48] belegt, dass die Einheiten der 1. Gebirgsdivision unter dem Stadtkommandanten Wintergerst, obwohl sie alle Macht hatten, nichts Angemessenes zur Unterlassung der eskalierenden Judenmorde in Lemberg getan haben. Mehr noch: Es ist hinlänglich klar, dass dabei nationalistischen Ukrainern Raum gegeben wurde, Juden zu verfolgen und auch zu töten. Daran beteiligten sich nach glaubwürdigen Aussagen, die mehrfach belegt sind, auch Soldaten der Wehrmacht. Entscheidend ist aber, dass noch während der Besatzungszeit die Angehörigen der 1. Gebirgsdivision nicht, wie angewiesen, die »Ordnung« herstellten. Insbesondere ist kein Beleg dafür vorhanden, dass sie sowohl die marodierenden Zivilisten als auch – und vor allem – die spätestens am 2. Juli eingetroffenen Angehörigen der Einsatzgruppe B (später C) an ihrem mörderischen Treiben hinderten. In diesen wenigen Tagen wurden bis zu 4.000 Juden umgebracht, ein Teil außerhalb der Stadt.

In dem Film »Von Garmisch in den Kaukasus« ist von diesem Tatbestand nichts beschrieben. Vielmehr finden sich Äußerungen, die nicht korrigiert worden sind, etwa des Zugführers Werner Jacobi, dass die 1. Gebirgsdivision nicht einen Zivilisten, ei-

---

48 Neben Longerich 1998 und Meyer 2010 vgl. insbes. Pohl 1997, Friedländer 2006; Heim u.a. 2011. Darüber hinaus enthalten die Erinnerungen von Simon Wiesenthal (in Funke 1989, vgl. auch Segev 2010) Antworten auf die Frage, wie der Holocaust in Lemberg begann, und Berichte von der Tatsache, dass hierbei die Wehrmacht eine aktive Rolle eingenommen hat. Aus den Erinnerungen von Simon Wiesenthal: »Wir waren in Lemberg 149.000 Juden, laut Lebensmittelkarten für Juden. Lemberg war halb jüdisch. Keine 500 von uns sind am Leben geblieben. Wissen Sie, dass Überleben eine Last sein kann?« (Zitiert nach Funke 1989: 451.)

nen Russen, oder einen Juden falsch behandelt habe. Die Division habe sich absolut korrekt verhalten. (Minute 44)

In diesem Sinn dient der Film der Holocaustleugnung und ist darüber hinaus ein Beispiel der absoluten Verherrlichung der von Hitler als seine »Gardedivision« betrachteten 1. Gebirgsdivision. Sie, so heißt es im Waschzettel weiter, »durchstieß die Stalinlinie und stieß über Winniza (Ukraine) und Uman bis an den Dnjepr vor. Von Oktober bis Dezember folgten Angriffskämpfe über den Mius, den sich Stellungskämpfe in diesem Raum bis Februar 1942 anschlossen. Mitte Februar 42 wurde die Division an die Samara verlegt, wo es bis April zu Stellungskämpfen kam. Im Mai 1942 folgte die blutige Schlacht um Charkow, der Vormarsch über den Donez auf Rostow und zum Kaukasus bis zum Elbrus auf 5633 m Höhe. Im September bezog die erste Gebirgsdivision den Raum Maikop, wo bis Jahresende 1942 schwerste Kämpfe tobten.«

In eingeblendeten zeitgenössischen Filmaufnahmen und in den Erzählungen der Landser werden die »Heldentaten« dieser Soldaten, ihre riskanten Angriffe und die in die Hunderttausende gehenden Gefangennahmen sowjetischer Soldaten verherrlicht.

Kalbitz musste seine jahrzehntelange beinharte neonazistische Überzeugung erst nach der Konfrontation durch engagierte Journalisten eingestehen – nichts Klärendes kam von ihm selbst. Er hat jeweils über seine angeblichen Sünden in der Jugend – da war er schon 25, 30 und 35 Jahre alt – mit dem Ausdruck eines Verwunderten den Kopf geschüttelt und mit dem Blick des treuen Schwiegersohns um Verständnis gebeten: Er gibt sich als jemand, der Kreide gefressen hat, und war damit in seiner Partei und in den leitenden Medien immer wieder durchgekommen. Er ist seinen Überzeugungen treu.

Götz Kubitschek: Das alte Denken der neuen Rechten und sein Verleger

Im Folgenden wird das autoritär faschistische Potenzial des von Götz Kubitschek geleiteten Antaios-Verlags und des Instituts für Staatspolitik (IfS) umrissen. Deren publizistisches Agieren steht in der Tradition der Wegbereiter der nationalsozialistischen Bewegung: von Carl Schmitt über Ernst Jünger, Armin Mohler, bis hin zum Ehepaar Kubitschek/Kositza und seinem *jüngeren Mitstreiter* Benedikt Kaiser.

Höckes wichtigster »Einflüsterer« Götz Kubitschek sprach beizeiten[49] davon, dass es eine Stimmung des »Vorbürgerkriegs« brauche. Er ist mit seinem *Antaios*-Verlag und dem *Institut für Staatspolitik* (IfS)[50] im sachsen-anhaltischen Schnellroda der ideologische Stratege der extremen, neofaschistischen Rechten. Im IfS organisiert er, u.a. mit Tagungen, ideologische Zuspitzungsarbeit und macht die »Bewegung« durch einen pseudo-intellektuellen Anstrich für Teile des Bürgertums attraktiv und salonfähig. Götz Kubitschek und Björn Höcke sind seit langem auch privat in engstem Kontakt. Ihre Verbindung geht zurück auf hessische politische Seilschaften. Dabei betreibt Kubitschek die intellektuelle Radikalisierung des »Flügels« und vertieft die Kooperation mit den rechtsextremen Identitären ebenso wie mit Pegida, während Höcke als Agitator der Massen wirkt, der sich selbst mit einem Personenkult, einer Art Führerkult, umgibt.

Kubitschek ist bei weitem der umtriebigste Netzwerker und Aktivist der extremen altneuen Rechten in der Tradition der Anti-Demokraten der Weimarer Republik, denen er sich über seinen geistigen Ziehvater Armin Mohler, Autor eines Grundlagenwerks über die Konservative Revolution, verpflichtet sieht. Aber während seine langjährigen Mitstreiter Dieter Stein, Gründer der Jungen Freiheit, oder Karl-Heinz Weißmann, Mitgrün-

---

[49] Insbesondere in seinem Buch »Provokation« (Schnellroda 2007).

[50] Vgl. zu den inzwischen 20jährigen Machenschaften des IfS auch: Der rechte Rand. Das antifaschistische Magazin 2020.

der des nun von ihm allein geleiteten IfS, den Ideen einer Partei rechts der konservativen CDU/CSU anhängen, vertritt er seit nun fast 30 Jahren einen kompromisslosen nationalrevolutionären Kurs. In Vorträgen und Schriften verbreitet er die Ideen von Ernst Jünger, Ernst von Salomon oder Friedrich Georg Jünger, über den er eine Abschlussarbeit verfasste.

Ende der 1990er Jahre war Kubitschek als Reserveoffizier in einem Auslandseinsatz der Bundeswehr in Bosnien und schrieb darüber mit dem heutigen Bundestagsabgeordneten der AfD, Peter Felser, das im Antaios-Verlag veröffentlichte, umstrittene Buch »Raki am Igman«.

… mit Jürgen Elsässer und den Identitären

Kubitschek ist zudem eng mit Jürgen Elsässer, dem Herausgeber des neurechten *Compact*-Magazins, befreundet. Unter dem Titel »Opposition heißt Widerstand« trafen sich im November 2017 in Leipzig Rechtsextremisten und -populisten zu einer Konferenz des Compact-Magazin-Verlages. Daran nahmen unter anderem Björn Höcke, Lutz Bachmann sowie Martin Sellner, Führungskraft der Identitären Bewegung, teil (vgl. Leipziger Volkszeitung vom 24.11.2017). Der Abgrenzungsbeschluss der AfD gegenüber den Identitären war im Herbst 2017 Makulatur. Zusammen mit Björn Höcke sehen sich die Identitären, die Gruppe um Götz Kubitschek und dessen Ehefrau Ellen Kositza, als national-revolutionäre Avantgarde, die die AfD zusammen mit Vorfeldorganisationen entsprechend ausrichten will.[51]

[51] Bei der Wahlparty der AfD in Sachsen-Anhalt 2016 hatte das Compact-Magazin als einziges Medium ein eigenes »Wahlstudio«, in dem Elsässer, Kubitschek und Sellner mit der versammelten AfD-Prominenz zusammentrafen. Nach den euphorischen Feiern des Erfolgs der AfD in Magdeburg fragte Elsässer den Landesvorsitzenden André Poggenburg, ob man mit dem »Regimewechsel« denn bis zur nächsten Bundestagswahl warten müsse. Kubitscheks Zusammenarbeit mit AfD-Funktionären wurde bekannt, als Björn Höcke im Juni 2016 den AfD-Vize Alexander Gauland und den Parteiphilosophen Marc Jongen mit Kubitschek und Kositza zum konspirativen Abendessen zusammenbrachte

Die *Identitären*, mit denen Kubitschek, Höcke und Kalbitz ebenfalls eng zusammenarbeiten, beschwören den »großen Austausch«: die Auflösung der Völker in Europa wie in den Vereinigten Staaten. Ihre paranoide Zuspitzung legt Gewalt nahe und führt wie im Fall des Attentats in Neuseeland vom 15.3.2019 zu rechtem Terror: Der Attentäter Brenton Tarrant hatte sein Pamphlet unter dem Titel »The Great Replacement« (Der große Austausch) veröffentlicht und sich damit ausdrücklich auf die bereits erwähnte Kampfschrift von Renaud Camus bezogen, deren deutschsprachige Ausgabe 2016 im Antaios-Verlag erschien. Ähnlich ›argumentierte‹ der Attentäter von El Paso Anfang August 2019. Die »Identitären« sind inzwischen von ehemaligen Neo-Nazis durchsetzt, fallen mit Straf- und Gewalttaten nicht zuletzt in Halle/Saale auf und kooperieren mit dem ostdeutschen Trio Höcke-Kalbitz-Urban. Die ursprüngliche Distanz der Identitären zum Nationalsozialismus als Ideologie und ihr Verzicht auf Gewalt ist inzwischen durch ihre politische Praxis ausgehöhlt worden.

Inzwischen nutzen *Identitäre* ideologisch die Energiezufuhr aus historischen Ideen, die sie neu zusammenstellen – insbesondere aus der Riege der Jungkonservativen und Antidemokraten der Weimarer Republik, der »Konservativen Revolution« (vgl. Brumlik 2016). Sie beschwören eine ostdeutsche ethnische Kontinuität, die sich gegen die Totalitarismen des Nationalsozialismus, des Stalinismus und des Westens bewährt habe, die überdies nicht der »Charakterwäsche« westlicher Umerziehung in die Falle gelaufen sei. Die verschiedenen Gruppen der extremen neuen Rechten vermitteln das Gefühl, sie seien an der Geburtsstunde einer großen völkischen Revolutions-Bewegung beteiligt.

Zu den aktivsten Propagandisten zählt der Identitäre Martin Sellner. In seinem vom Antaios-Verlag publizierten Gesprächsband mit Walter Spatz, »Gelassen in den Widerstand« (2015), plä-

---

(vgl. Justus Bender/Reinhard Bingener, Die rechten Fäden in der Hand, Frankfurter Allgemeine Sonntagszeitung vom 16.4.2016).

dieren die Autoren – man hört die Sprache Ernst Jüngers heraus – für eine »geistige (und politische) Verschärfung«:

»Wir wollen die Herzen in Brand setzen, etwas in Bewegung bringen, die entscheidenden Fragen erneut, tiefer und mit politischen Folgen stellen. Die geistige Unruhe, der schlafende Furor teutonicus, das ewig unzivilisierbare, urdeutsche Fieber, das uns aus germanischen Urwäldern wie aus gotischen Kathedralen entgegenstrahlt, versammelt sich in uns. Unsere Gegner wissen das, und sie haben Angst. Sie wissen von der Möglichkeit der spontanen Eruption und Regeneration. Und sie wissen, dass wir nicht mehr in ihre Fallen laufen, dass wir ihren Schablonen und Gängelbändern entwachsen sind. Ich glaube, wir leben in einer Zeit der Entscheidung. Ich glaube, dass unsere Arbeit als Kreis, im Denken und Hören auf das Sein, organisch in den politischen Kampf einer Massenbewegung, in die politische Arbeit einer Partei eingebunden ist.«

Björn Höcke kopierte die These vom »Furor teutonicus« nahezu wortgleich im Sommer 2016 bei einem Treffen am Kyffhäuserdenkmal: »Die Geduld unseres Volkes ist zu Ende, und schon die alten Römer wussten vom legendären Furor Teutonicus zu berichten. Liebe Freunde, wir lassen uns nicht abschaffen! Wir haben diese Wende eingeleitet, wir wollen diese Wende schaffen und wir werden diese Wende schaffen!« – ein besonders plastisches Beispiel für eine Aufstandsrhetorik (Zick u.a. 2016: 149).

Über einen Besuch bei den Neofaschisten in Rom im März 2015 berichtet die neurechte Publizistin Ellen Kositza, die mit ihrem Mann Kubitschek Politik betreibt: »Die gigantische Kundgebung der Lega Nord am Wochenende in Rom war faszinierend. (…) Pathetische Bombast-Musik, dann der wuchtige Einzug der Casa-Pound-Hundertschaften von der höhergelegenen Viale Gabriele d'Annunzio auf den bereits dicht gefüllten Platz. Tosender Beifall, undenkbar dies alles in Deutschland!«[52]

[52] Sezession, 3.3.2015; https://sezession.de/48729/manifestazione-in-rom-pegida-in-dresden

Die Linie Armin Mohler – Ernst Jünger – Carl Schmitt

Kubitschek will das Vermächtnis seines politischen Ziehvaters Armin Mohler (1920-2003) umsetzen. Er hielt im Jahr 2000 zusammen mit Karlheinz Weißmann die Laudatio zum 80. Geburtstag von Mohler, war 2003 Mitunterzeichner der Todesanzeige des Verstorbenen und hielt an dessen Grab eine der Trauerreden. Ihm ist er verpflichtet, ebenso wie dem von Mohler selbst propagierten faschistischen Stil und dessen – seinerzeit auf den rechtsextremen Republikaner Franz Schönhuber (1923-2005) bezogener – Strategieempfehlung: »Die (neue) Rechte muss mit dem vorherrschenden Sicherheitsbedürfnis des Volkes kalkulieren und daraus Kapital schlagen. (...) Man muss die Leute in den Eingeweiden bewegen. Der Nationalsozialismus hatte den Leuten seelische Erlebnisse vermittelt, die heute kaum noch denkbar sind, darin bestand sein Erfolgsrezept. Das dringender werdende Asylproblem könnte eine populistische Rechte stark machen.« (Zitiert nach: Leggewie 1987: 201) Armin Mohler hatte mit seinem umfangreichen Handbuch »Die konservative Revolution von 1918-1932«[53] ein wirksames Bild der antidemokratischen Radikal-Nationalisten der Weimarer Republik kreiert, die er irreführend zu »Trotzkisten« und damit zu entschiedenen Gegnern des Nationalsozialismus zu stempeln versuchte, obwohl viele, gerade die ihm wichtigsten – wie Ernst Jünger und Carl Schmitt – engstens mit der nationalsozialistischen Bewegung verwoben waren.[54]

---

[53] Mohlers Dissertation von 1949 über »Die Konservative Revolution in Deutschland 1918-1932« erschien 1950 als Buchausgabe. Seit Mohlers Tod wird das Werk von Karlheinz Weißmann bearbeitet. Die 6., »völlig überarbeite und erweiterte Auflage« erschien in Graz 2005. Vgl. zum Folgenden ausführlicher Funke 2020a.

[54] In der Verbindung mit diesem damals neuen Nationalismus hatte in der Weimarer Republik die völkische Ideologie des Nationalsozialismus an Einfluss gewonnen. Die Macht einer Massenbewegung großen Stils zog auch die Sympathien derer an, die als neue Nationalisten für einen revolutionären Sturz der Republik eintraten. Der Faschismus Mussolinis, der mit seinem »Marsch auf Rom« 1922 die Macht in Italien an sich gerissen hatte, war in vielem ein Vorbild dieser Bewegungen,

In den 1980er Jahren versuchte Armin Mohler, eine bundesdeutsche »Neue Rechte« entstehen zu lassen. 1985 empfahl er das neue Buch *Kulturrevolution von rechts. Gramsci und die Nouvelle Droite* seines Schülers Alain de Benoist: Daran sollte sich die neue Rechte ein Beispiel nehmen, um in der Bundesrepublik einen Durchbruch zu erreichen. Die »Nouvelle Droite« plädierte für eine metapolitische Strategie der Beeinflussung des Zeitgeistes, ehe eine Machtperspektive gesucht wird. »Über den französischen Umweg, gleichsam als Reimport, gelang es, das rechte Lager neu zu munitionieren. Dabei wurde das primäre geistige Bezugsfeld in die Weimarer Republik zurückverlegt: Nicht mehr der NS-Ideologie verdächtige Autoren bildeten nun die intellektuelle Bezugsquelle, sondern die rabiate Gegenaufklärung der sogenannten Konservativen Revolution. Dass die damalige ›Neue Rechte‹ in diskreter oder offener Kumpanei Hitler den Weg bereitete, störte weder Mohler noch Benoist.« (Assheuer 1992: 140)

Erneut ging es um organische Gesellschaftsideen, Antiliberalismus, Anti-Universalismus, wurde gegen die demokratische politische Kultur agitiert – mit den bekannten Säulenheiligen Moeller van den Bruck, Edgar Julius Jung, Hans Freyer, Othmar

---

auch für Hitler und seine Anhänger. Mussolini war wegen des fulminanten Erfolgs, der charismatischen Massenentfesselung und der ultimativen Gewalt für die Weimarer Rechte das entscheidende Vorbild, wie »das Recht der jungen Völker« (so der Titel eines Buchs von Moeller van den Bruck) durchgesetzt werden kann. Auch viele »konservative Revolutionäre« waren vom Faschismus Italiens fasziniert, und viele der von Mohler Zitierten waren über Jahre glühende Anhänger des Nationalsozialismus, Carl Schmitt sogar deren »Kron«-Jurist. Was lag nach 1945 für die extreme Rechte angesichts dieser Verstrickung näher, als eine angemessen kritische Erinnerung an diese Schrecken abzuwehren und die These eines davon unberührten neuen Nationalismus zu beschwören? So verfuhr auch Armin Mohler in seiner 1950 erschienenen »Konservativen Revolution«. Den heutigen ideologischen Stichwortgebern der extremen Rechten um Götz Kubitschek und den Identitären Martin Sellner sind die radikalen Nationalisten aus der Weimarer Republik zentrale Gewährsleute, obwohl sie zu den Wegbereitern der nationalsozialistischen Bewegung gezählt werden.

Spann und vor allem Carl Schmitt (vgl. ebd.: 142). Benoist hatte die Nouvelle Droite organisiert und hierzu das beliehen, was Mohler als »Konservative Revolution« kompiliert hatte, einen ultraradikalen Nationalismus. Benoist wiederum vermittelte der neuen deutschen Rechten die Taktik, die auf Seriositätsgewinn zielte – eine neue Form einer neuen Rechten, ohne offene Kontakte zu neonazistischen Gruppen. Dazu schufen Benoist und seine Mitstreiter eine eigene Denkschule für den Kulturkampf: GRECE (Groupement de recherche et d'études pour la civilisation européenne) (vgl. ebd.: 166-169). Parallel beriet Mohler in den 1980er Jahren den CSU-Abweichler und späteren Gründer der rechtsextremen »Republikaner«-Partei, Franz Schönhuber.

Die Verachtung, mit der Mohler die Bemühungen um eine angemessene Wahrnehmung der Naziverbrechen begleitete, zeigte sich auch an seinem Interesse daran, Deutschland entlastende zeitgeschichtliche Forschung zu fördern. Diese Bemühungen sah er wiederum durch das 1984 im Bundestag verabschiedete Gesetz gegen die Auschwitz-Lüge blockiert.

In den 1990er Jahren schließlich erklärte Mohler sich mehrfach zum »Faschisten«. In einem Interview aus dem Jahr 1991 mit dem Historiker Elliot Neaman verkündet er, Faschismus sei vor allem eine Frage der Ästhetik, des Stils, und verweist auf einen der in der Zwischenkriegszeit radikalsten Faschisten Europas, den Rumänen der eisernen Garde, Corneliu Codreanu. In einem Interview mit der »Zeit« 1995 erklärt er bündig: »Faschismus ist für mich, wenn enttäuschte Liberale und enttäuschte Sozialisten sich zu etwas Neuem zusammenfinden. Daraus entsteht, was man konservative Revolution nennt.« Im November 1995 fragte ihn Die Wochenzeitung: »Bewundern Sie heute Hitler immer noch wie in Ihren Jugendzeiten?«, worauf er antwortete: »Was heißt bewundern? Er hat immerhin eine richtige Führung geschaffen. Die Kader, die er heranzog, hatten Stil.«

1990 legte Mohler in »Liberalenbeschimpfung« sein 1973 entstandenes Traktat »Der faschistische Stil« wieder auf. Darin zitiert er u.a. die Rede von Gottfried Benn zur Begrüßung des Theoretikers des Futurismus, Filippo Tommaso Marinetti aus dem Italien Mussolinis 1934: »›Mitten in einem Zeitalter stumpfgewordener, feiger und überladener Instinkte verlangten und gründeten Sie eine Kunst, die dem Feuer der Schlachten und dem Angriff der Helden nicht widersprach. (...) Sie forderten ›die Liebe zur Gefahr‹, die ›Gewöhnung an Energie und Verwegenheit‹, ›den Mut‹, ›die Unerschrockenheit‹, ›die Rebellion‹, ›den Angriffspunkt‹, ›den Laufschritt‹, ›den Todessprung‹, und dies nannten Sie ›die schönen Ideen, für die man stirbt.‹« (Benn, zitiert nach Mohler 1990: 89)

Es gehe um eine Ästhetik, die gegen das Chaos, die Dekadenz in Anschlag gebracht werde. Dabei beruft sich Mohler erneut auf Ernst Jünger, insbesondere dessen Schriften »Das abenteuerliche Herz« (1929), »Der Arbeiter« (1932), »Die totale Mobilmachung« (1931) und »Über den Schmerz« (1934). Gegen die Tradition der Aufklärung und der Französischen Revolution gehe es darum, den verlorenen Krieg sozusagen konsequent zu Ende zu verlieren, den Nihilismus bis zum Äußersten zu treiben und aus dieser Zerstörung etwas ganz Neues zu entfesseln: »Unsere Hoffnung ruht im Aufstand, der sich der Herrschaft der Gemütlichkeit entgegenstellt, und der der Waffen einer gegen die Welt der Formen gerichteten Zerstörung, des Sprengstoffs bedarf, damit der Lebensraum leergefegt werde für eine neue Hierarchie.« (Jünger, zitiert nach Mohler 1990: 99) Angesprochen wird die Sehnsucht nach einer anderen, unbedingten Lebensform, gebrochen durch die Allgegenwart des Todes. Die Überlebenden sollten diese Spannung von Jugend und Tod gegen die liberal gebliebene Umwelt in Anschlag bringen (ebd.: 100). Mohler assoziiert schließlich den für ihn emotionalen Höhepunkt des europäischen Faschismus, den Wahlspruch des nationalen Lagers im Spanischen Bürgerkrieg 1936-1939: »Viva el muerta«, es lebe der Tod (ebd.: 101).

Entscheidend ist für Mohler die direkte Aktion, die plötzliche symbolische Gewalt im »gezielten Attentat, im Putsch, im spektakulären Marsch auf Rom, in den Strafexpeditionen gegen konkrete Ballungen von Feinden – in all diesen Szenarien politischer Gewalt, wie wir sie vor allem aus dem Aufstieg des italienischen Faschismus kennen« (ebd. 104). Für ihn ist – in der Tradition von Georges Sorel – faschistische Gewalt die »direkte plötzliche, sichtbare, demonstrative Gewalt, die immer zugleich auch symbolisch wirken soll: der schon genannte Sternmarsch auf ein Zentrum der alten, zu stürzenden Macht; das Aufpflanzen der eigenen Fahne auf dem feindlichen Hauptquartier oder etwa das Halten eines als sinnbildlich geltenden Gebäudes um jeden Preis, auch wenn es militärischen Fachleuten als sinnlos erscheint und sinnlose Opfer kostet.« (Ebd.) – Pathetische Worte eines Zeit seines Lebens schreibenden, netzwerkenden Epigonen.

Mohler scheute keine Mühe und keine Radikalisierung, um »seinen« Deutschen nationalistisches Selbstbewusstsein für neue imperiale Höhenflüge einzuträufeln. Er war über Jahrzehnte ein unumstrittener Guru der extremen Rechten um Weißmann, Kubitschek und die Junge Freiheit (JF).

Brüche in der alt-neuen Rechten

Inzwischen gerät jedoch die extreme neue Rechte mit der spezifischen Radikalisierung in Stil und Ideologie zunehmend in ernste Konflikte mit sich selbst. Während sich die national-soziale, »völkische« Rechte weiter radikalisiert, machen die um Bündnisse mit Konservativen bemühten Autoren der JF, selbst jahrzehntelang Agitatoren der Konservativen Revolution, inzwischen gegen jene »Abenteurer« massiv Front.[55] Anfang der 1990er Jahre trennte sich die JF wegen der Holocaust-Debatte von Mohler, Anfang 2019 warf Dieter Stein (JF) den bis dato wichtigsten Erben um Götz Kubitschek, Jürgen Elsässer, die Identitären und Björn Höcke mit einem Fundamental-Verriss des Gesprächsbands von Höcke/Hennig (2018) den Fehdehandschuh hin.[56]

---

[55] Vgl. Dieter Stein: Der Geist ist aus der Flasche. Junge Freiheit vom 28.2.2019.

[56] Seit April 2020 wird das Institut für Staatspolitik vom Verfassungsschutz als Verdachtsfall geführt.

»Solidarischer Patriotismus« (Benedikt Kaiser/Sezession)

Wie stark die Ideologie des Flügels die Partei prägt, zeigt sich an der Auseinandersetzung um die neoliberale Position Jörg Meuthens und Beate von Storchs in einer auf die eigene Ethnie beschränkten Sozialpolitik. Der als Lektor für Antaios und das IfS tätige Benedikt Kaiser hat in seinem Buch »Solidarischer Patriotismus« die Ideen von Björn Höcke aufgenommen und weiterentwickelt, die vor allem darin bestehen, für die ethnisch Deutschen und gegen den Rest der Welt solidarisch zu sein, das heißt »solidarisch patriotisch« sein zu wollen. Das geschieht nicht im Sinne eines Verfassungspatriotismus, sondern beinhaltet im Gegenteil ein ethnozentrisch-rassistisches Verständnisses einer – wie er sich allzu vorsichtig ausdrückt – »relativen ethnischen Homogenität«. Er dürfte dabei den rechtsautoritären Block an AfD-Anhängern bedienen, die sich gerade im Osten Deutschlands halten.

Resümee

Die hier präsentierten Epigonen der antidemokratischen Wegbereiter der nationalsozialistischen Bewegung aus der Weimarer Republik wurden bzw. werden von Meuthen – bis zu seiner Wunderland-Wutrede – und von Gauland weiterhin unterstützt.

Die Ausrichtung des formell aufgelösten, aber immer noch wirksamen Höcke-»Flügels« und ihrer Ideologen ist nichts weniger, als die Ideen der »Konservativen Revolution«, also der antidemokratischen Wegbereiter der nationalsozialistischen Bewegung am Ende der Weimarer Republik aufzugreifen und zu aktualisieren. Es war nicht zuletzt der Chefstratege der extremen neu-alten Rechten, *Götz Kubitschek,* für den Personen wie Ernst Jünger oder Carl Schmitt zentral waren und weswegen er den, der dies über Jahrzehnte propagiert hatte, nämlich Armin Mohler, wie einen Vater ehrte und in seine Fußstapfen trat. Götz Kubitschek ist mit dem von ihm geleiteten *Institut für Staatspolitik*, seinem *Antaios Verlag* und seiner Zeitschrift *Sezession* auch gegenwärtig der zentrale Stichwortgeber der Radikalisierung der

»fundamentaloppositionellen Bewegungspartei« (Höcke), als die auch er die AfD begreift.[57]

Andreas Kalbitz ist der von Meuthen noch vor Jahresfrist hochgelobte »harte Hund«, der diese Radikalisierung entschieden sowohl in der Partei wie in den Bewegungen im Sinne seines Konzepts einer völkischen »Revolution« (Kalbitz) durchzusetzen versucht – zunächst innerhalb, nun außerhalb der Partei.

Jörg Meuthen hat bis zu seiner späten Kehrtwende, die er im Frühjahr 2020 mit seinem Kampf gegen Kalbitz öffentlich machte, wie die anderen den ethnozentrisch-rassistischen Code der Partei entschieden mit gepflegt, gegen alle »Kulturfremden« vorzugehen.

Alexander Gauland hat seine nicht zuletzt in den konservativen Medien goutierte Rolle des bieder-bürgerlichen Übervaters der AfD bis in den November 2020 zu spielen versucht, bis die von AfD-Bundestagsabgeordneten eingeschleusten Störer »alles kaputt« (Gauland) gemacht haben. Kurz danach spießte Meuthen in Kalkar die Rolle des »Ehrenvorsitzenden« zu dessen bitter-depressiven Enttäuschung auf.

[57] Dort erschien aktuell der Text: »Studie 39: Scheitert die AfD?« Vgl. https://antaios.de/buecher-anderer-verlage/aus-dem-aktuellen-prospekt/106996/studie-39-scheitert-die-afd

4. Rechtsextrem-faschistoide[58] Gefahr von rechts

Im Vorfeld von sechs Landtagswahlen, davon drei in Ostdeutschland, und der Bundestagswahl am 26. September 2021 ist eine Einschätzung der potenziellen Gefahren der AfD für die Demokratie nahegelegt.

Wie gefährlich die Angriffe auf die Demokratie aussehen können, soll im Folgenden an drei ganz unterschiedlichen Zuspitzungen analysiert werden:

1. den Demonstrationen von Coronaleugnern und Verschwörungsideologen in Berlin, Konstanz, Leipzig und am Versuch einer Obstruktion des Parlaments in Berlin am 18. November 2020.
2. dem gescheiterten Versuch der Beteiligung der AfD an der Wahl des Ministerpräsidenten in Thüringen im Februar 2020 sowie
3. dem weltweit beobachteten Versuch eines vom Wahlvolk verhinderten faschistischen Mobilisierungsversuchs durch den amerikanischen Präsidenten Trump zu den US-Wahlen am 3. November 2020.

An diesen extremen Radikalisierungsschritten wird die eminente Gefahr von rechts außen deutlich. Dann nämlich, wenn rechtsextreme oder faschistoide Ideologen mit ihrer Mobilisierung versuchen, die Machtfrage zu stellen. Dann ist deutlich nachdrücklicher als bisher die Bereitschaft zu demokratischem Widerstand in Wahlen, öffentlichen Protesten und zur Sicherung der Institutionen der Demokratie gefragt.

---

[58] Mit dem Begriff faschistoid werden Eigenschaften oder Haltungen bezeichnet, die dem Faschismus in verschiedener Hinsicht ähnlich, jedoch nicht deckungsgleich mit ihm sind. Auch einzelne Bestandteile einer Ideologie oder eines politischen Systems werden bisweilen als faschistoid bezeichnet (vgl. Wikipedia, 22.11.2020).

Faschismus – ein angemessener Begriff?

Madeleine Albright hatte schon in ihrem 2018 erschienenen Buch vor den Gefahren eines neuen Faschismus in den Vereinigten Staaten gewarnt – eine Warnung, die sich auf die Erfahrung der »Epoche des Faschismus« (Ernst Nolte) der Zwischenkriegszeit, vor allem auf Italien, Spanien, aber auch in der spezifischen Zuspitzung auf Deutschland bezieht. Der Historiker Christopher Browning (2018) sprach von Gefahren, wie sie am Ende der Weimarer Republik aufgestiegen sind, und hat Ähnlichkeiten mit der Entwicklung der Politik Donald Trumps identifiziert.

Unter Faschismus sind politische Bewegungen zu verstehen, die vor dem Hintergrund und unter Nutzung eminenter ökonomischer, sozialer oder kultureller Krisen die etablierten, nicht zuletzt demokratisch-rechtsstaatlichen Verhältnisse durch eine Strategie der Massenmobilisierung, der Entfesselung von Unruhen und Kriegen nach innen und außen stürzen, und eine neue nicht-demokratische, autoritäre und nationalistische Ordnung, auch und gerade mit den Mitteln extensiver Gewalt, herstellen wollen. Kurzum geht es also 1. um die Ingredienzien von Bewegung gegen die Demokratie, von 2. Gewaltausbrüchen und -strategien und 3. einer nationalistischen Ordnung des *Wir gegen die.*

Nach der offenkundigen Niederlage Trumps bei der US-Präsidentschaftswahl im November 2020 erklärte dieser zunächst die Wahl wider alle Empirie für gestohlen und manipuliert. Aber seine Rhetorik des Hasses und der Feindschaft betreibt er weiter. Die Front-Männer Trumps verlieren sich in extremen Forderungen: *Stephen Bannon* will den FBI-Chef Christopher Wray und den kompetenten Gesundheitsexperten Anthony Fauci neben dem Weißen Haus aufgespießt sehen. Einer von Trumps Söhnen spricht vom *totalen Krieg*, der nun ausbrechen soll, und erinnert damit an den Goebbels-Sound. Diese antidemokratischen Zuspitzungen sind Ausdruck einer narzisstisch radikalisierten Mischung aus Größen- und Verfolgungswahn. Trump hatte mit seinen Strategen ein gefährliches Krisenszenario im Auge: die Entfesselung von Gewalt während der Wahlen und in den Tagen der Auszählung und den inzwischen vergeblichen Kampf seiner Anwälte, auf allen Ebenen der Gerichte das Ergebnis zu torpedieren und mithilfe des konservativ zugerichteten Supreme Court zu zerstören. Diese wahnwitzigen Zuspitzungen sind Ausdruck dessen, was eine gefährliche faschistoide Strategie im Umfeld Donald Trumps (gewesen) ist und nun womöglich in ihre Einzelteile zerfällt.[59]

Der moderne Charakter dieser faschistisch/faschistoiden Bewegungen besteht (wie damals) in der Nutzung innovativer, im heutigen Fall digitaler sozialer Medien – damit entsteht eine Art dezentraler Faschismus zwischen Influencern, Medienaktivisten und inszenierten Eskalationen, oft nicht ohne massives Gewaltpotenzial: Was damals der »Volksempfänger« war, ist heute Trumps Twitter-Faschismus. Aber diese Mediennutzung geschieht nicht ohne die Kernelemente faschistischer Strategie:

- die Beschwörung des Untergangs und der Diktatur, sei es durch Minoritäten (die in Deutschland nach der Flüchtlingsdebatte), sei es durch die unterstellte strategische Nutzung des Corona-Virus (von Bill Gates über Georges Soros bis zur chinesischen politischen Führung)
- und die positive Beschwörung eines Erwachens des Volkes, der Wiedergeburt der vermeintlich degenerierten Nation, kurzum: die Beschwörung von Untergang und Auferstehung.

Faschistoide rechtsextreme Bewegungen instrumentalisieren die ihnen auf der Höhe ihrer Zeit jeweils verfügbaren Medien und Mechanismen für ihre Zwecke, historisch wie gegenwärtig. Und alle zielen auf den Sturz der Republik, die De-Legitimierung von Exekutive und Legislative gleichermaßen – und proklamieren dies als Verteidigung der Basis-Demokratie eines von ihnen beschworenen, wahren »Volkswillens« in einem weitgehend homogen verstandenen Volk. Und dies alles ist nichts ohne national-revolutionäre Gewalt, ob als Unterwanderung der Sicherheitsbehörden

[59] Zu faschistischen Mobilmachungs-Szenarien, die im Herbst 2020 im Gefolge der US-Wahlen realistisch erscheinen mussten, vgl. ausführlicher Funke 2020b.

(wie in Mecklenburg-Vorpommern) oder wie im Fall der Vereinigten Staaten unter Trump der Nutzung der Sicherheitsbehörden jenseits aller Regeln.

Corona. Verschwörungsideologische Eskalation

»Haltlos in die Corona-Radikalisierung«
(Die Welt, 25.11.2020, zur AfD und ihrer Stagnation)

In der »zweiten Welle« der Pandemie bemüht sich die AfD mit aller Kraft, den verschwörungsideologischen Kampagnen und Netzwerken, ob in Konstanz, München, Berlin oder Leipzig und Cottbus, nachzulaufen.

Nach einem weitgehend chaotischen Hin und Her im Umgang mit der Coronakrise versucht die Partei es angesichts des November-Lockdowns erneut. Wieder sind die Üblichen versammelt: Alexander Gauland, der neue Fraktionschef in Brandenburg, Hans-Christoph Berndt, Björn Höcke, und, wen wundert's, Andreas Kalbitz im Zuschauerlook. Sie alle trafen sich am 31. Oktober in Cottbus, um Gauland und Höcke reden zu hören: »Die Kanzlerin hat eine Art Kriegskabinett gegründet«, so Gauland. Höcke sekundiert: Es gehe nicht darum, ob jemand sagt, ob er rechts ist, es gehe um die Freiheit. Und er sieht seine Partei als Freiheitspartei. Er zitiert den Corona-Leugner Ken Jebsen und den auf mehreren extrem rechten Feldern irrlichternden Popsänger Xavier Naidoo und sieht sie als Opfer eines totalen Faschismus.

Diese Inszenierung stellt den Versuch dar, die Partei in den Schulterschluss mit den Bürgerbewegungen aus *Zukunft Heimat, Pegida* und eben den *Querdenkern* zu bringen. Zugleich wurden im Rahmen dieser demonstrativen »Schuld-Kampagne« Politiker*innen (von Angela Merkel bis Karl Lauterbach) und Journalist*innen (von Dunja Hayali bis Georg Restle) auf riesigen Abbildungen symbolisch verurteilt. Damit wird ein gemeinsames Ziel angestrebt: die Rücknahme der Beschränkung in der

Pandemie, der Sturz der Regierung und die Überwindung der herrschenden Verhältnisse.[60]

Was in Cottbus propagiert wurde, »gelang« eine Woche später, am 7. November in Leipzig. Zusammen mit Rechtsextremen und Hooligans konnten sich nach einem Beschluss des Oberverwaltungsgerichts Bautzen mehrere 10.000 aus ganz Deutschland gegen alle Auflagen versammeln, ohne dass die Polizei angemessen eingeschritten wäre. Im Gegenteil, die Polizei wurde vorgeführt in dieser Attacke gegen die Verfassung der bürgerlichen Gesellschaft. Man beruft sich – im Sinne der Leugnung der Gefahren durch Corona – auf Freiheitsrechte, ohne abzuwägen, welche anderen Grundrechte, insbesondere das Recht auf körperliche Unversehrtheit, damit massiv verletzt werden. In dem Maße, in dem die Politik solche offenen Flanken präsentiert, kommt es zu Geländegewinnen gegen die Demokratie und ihre Institutionen. Sie hängen – wie oft – mit der Schwäche von Politik und Institutionen in Sachsen zusammen.

Dabei hat die Politik in Deutschland versucht, die furchtbare Wirkung von Covid19 auch durch Lockdowns einzuschränken. Mitte Dezember 2020 führten die Entwicklung der Pandemie notwendigerweise zu einem harten Lockdown. Diese ungewöhnliche Maßnahme und ihre Maßgabe, die Fallzahlen erheblich zu senken, war offenkundig mit dem Ziel verbunden, das Vertrauen in die Funktionsfähigkeit der Exekutive, aber auch der Demokratie zu erhalten und neu zu bekräftigen. Dieses Vertrauen wird mit Ereignissen wie in Sachsen allerdings erheblich beschädigt.

Inzwischen häufen sich die Belege dafür, dass die AfD und die ihr nahestehenden Netzwerke der extrem neuen Rechten sowie rechtspopulistische Massenorganisationen wie Pegida mit den sogenannten Querdenkern, der QAnon Bewegung und anderen verschwörungsideologischen Personen und Bewegungen engstens zusammenarbeiten.

---

[60] Vgl. rbb 24 vom 31.10.2020: »Das Bemühen der AfD um einen neuen Glücksfall – Partei wirbt um die Querdenker.«

Ausgeweitete rechtsextrem-faschistoide Verschwörungs-Mischszenen

Nach Recherchen des Netzwerks Correctiv[61] sind die Verbindungen zwischen dem Moderator solcher »Querdenker«-Demonstrationen, Nana Domena, und dem Rechtsextremen Frank Kraemer eng. Letzterer ist seit 25 Jahren Mitglied verschiedener Rechtsrockbands; er trat als Gitarrist der Gruppe *Stahlgewitter* 2017 bei der von Neonazis dominierten Veranstaltung »Rock gegen Überfremdung« in Themar in Südthüringen ebenso wie als Redner bei der Kleinstpartei »Der dritte Weg« auf. Nana Domena betreibt darüber hinaus einen Podcast mit Marvin König, der wiederum mit Oliver Janich, einem prominenten Vertreter der *Qanon*-Bewegung, kooperiert. Marvin König ist zugleich dem Mitarbeiter des AfD-Sprechers Jörg Meuthen, Dietmar-Dominik Hennig, eng verbunden.

Jürgen Elsässers Magazin *Compact,* vom Verfassungsschutz als Verdachtsfall geführt, widmet sich dieser *Querdenker*-Bewegung. Mit von der Partie sind jeweils großenteils rechtsextreme Reichsbürger. Sie alle seien im Widerstand gegen die Coronapolitik zu einen, die als totalitär interpretiert wird.

Qanon

Besonders radikalisiert erscheint hierbei die *Qanon*-Bewegung, deren Anhänger vor pädophilen, satanistischen Eliten warnen und daran glauben, dass es einen Erlöser wie Donald Trump gibt. Die Anhänger dieses in den Vereinigten Staaten 2017 entstandenen apokalyptischen Onlinekults glauben tatsächlich, dass es eine weltweite Intrige satanischer Pädophiler gibt, die die Welt regieren, alles kontrollieren und eine staatliche Verschwörung, hinter der unter anderem Hillary Clinton und Barack Obama stecken, in unterirdischen Gefängnissen Säuglinge gefangen hält, um ein angeblich florierendes Adrenalin-Stoffwechselprodukt zu gewinnen. Es werde von einer Gruppe hochrangiger militärischer Geheimdienstarbeiter aus, die Präsident Trump naheste-

61 Siehe daily@correctiv.org, 9.11.2020.

hen, ein großer Kampf zwischen Gut und Böse ersehnt und erwartet – ein Sturm mit einer Verhaftungswelle von über 100.000 Menschen und ein großer Tag der Abrechnung (vergleiche Tagesspiegel vom 7.12.2020).

Die emotionalen Spannungen, die aus der Angst vor einem unsichtbaren Erreger und einer entsprechend starken Abwehr entstehen, haben bei einem Teil der Bürger*innen dazu geführt, das ganze Phänomen zu leugnen. Unmittelbar daran schließen die wildesten, oft fundamentalistischen und hasserfüllten, in der Regel antisemitisch geprägten Verschwörungsideologien an. Die Pandemie sei das Werk des an Impfprogrammen interessierten Bill Gates, und Juden wie George Soros seien für das Ganze verantwortlich. Der vegane Koch Attila Hildmann behauptet, Bill Gates plane die »Versklavung der gesamten Menschheit«. Dieser habe die besten Voraussetzungen dazu, weil er »ALLE BETEILIGTEN ob Wuhan, WHO, RKI, MEDIEN, Pharma und Virolügen wie Drosten« finanziere. Der Microsoft-Gründer sehe alle Menschen als »wertlose Schafe (…), denen er über Virus-Terroranschläge und deren Behandlung mit Impfungen tödliche Spritzen geben kann« (zit. nach Merkur, 9.5.2020). Neonazis, AfDler, der selbsterklärte »Volkslehrer« Nikolai Nerling und exzessive Narzissten wie der antisemitische und inzwischen paranoide Verschwörungsphantast Ken Jebsen sowie Identitäre und »Reichsbürger« tauchen bei den rechtsoffenen »Hygiene-Demonstrationen« vor der Volksbühne in Berlin und anderswo auf (vgl. u.a. ND vom 7.5.2020). Sie versuchen, die teils berechtigte und verständliche Kritik an Grundrechtseinschränkungen in ihre Verschwörungsideologie und rechtsextremen Vorstellungen zu pressen.

Verschwörungsannahmen

Diese Verschwörungsideologien bedrohen den Kern der liberalen demokratischen Gesellschaften. Zu den klassischen Verschwörungsvorstellungen zählt der »große Austausch«, die angebliche totale Islamisierung, die Vorstellung einer illegalen Grenzöffnung während der Flüchtlingskrise, die (positiv gemeinte) Vorstellung einer Diktatur der Volksgemeinschaft als Demokratie und die »Lügenpresse«. Je vielfältiger und – wie im Falle der Corona-Demonstrationen systematischer – im Internet und auf Demonstration davon ausgegangen wird, dass die Coronakrise bewusst herbeigeführt worden ist, desto eher radikalisiert sich eine zunächst halbwegs harmlose Verschwörungsideologie zum rechtsextrem faschistoiden Weltbild. Daraus entstehen Formen einer Weltverschwörung, in der alle Wahrnehmungen, Informationen und Falschinformationen einem *Freund-Feind-Schema* unterstellt werden: Dann ist eine gewisse geheime Gruppe für alles Übel in der Welt verantwortlich und muss entsprechend mit allen Mitteln bekämpft werden. Vielfach wird in einem solchen geschlossenen Weltbild der antisemitische Mythos von der jüdischen Weltherrschaft aufgerufen. Namen einzelner Menschen oder Familien wie Rothschild, Rockefeller, George Soros, aber auch der Zionismus stehen dann für diesen Mythos – so wie die Nationalsozialisten diese Lüge als Argument für die millionenfache Ermordung jüdischer Menschen eingesetzt haben.[62]

Verschwörungsannahmen über Dinge, die unkontrollierbar erscheinen und das Alltagsleben grundstürzend verändern wie Corona, gehören zum Alltagsbewusstsein und gehen oft mit Vorurteilen einher, nicht zuletzt bei eher autoritär orientierten Personengruppen. Davon berichtet auch die jüngste Autoritarismusstudie der Leipziger Studiengruppe von Oliver Decker und Elmar Brähler (2020). Danach hat zwar der Anteil der manifest ausländerfeindlich Eingestellten im Vergleich zu 2018 von 23,4% auf 16,5% abgenommen: im Westen von 21,5% auf 13,7%, im Osten von 30,7% auf 27,8%. Auch der Anteil verfestigter rechtsextrem eingestellter Personen sank auf 4,3% der Befragten, im Osten auf 9,5%, im Westen auf 3% – das bedeutet eine leichte Zunahme im Osten, ein leichter Rückgang im Westen.

Für die Studiengruppe zählt indes Autoritarismus als Persönlichkeitseigenschaft zu einer der Hauptursachen für rechtsextre-

62 Vergleiche zur Widerlegung gängiger Verschwörungstheorien die eindrückliche Kurzbroschüre der Amadeo Antonio Stiftung 2019.

me Einstellungen: »Menschen mit autoritärem Charakter neigen zu rigiden Ideologien, die es gestatten, sich gleichzeitig einer Autorität zu unterwerfen, an ihrer Macht teilzuhaben und die Abwertung anderer im Namen dieser Ordnung zu fordern.« (Ebd. 2020) Rund ein Drittel der Deutschen zeigt Merkmale eines autoritären Typus. Dies erscheint für die Untersuchung antimoderner Milieus ebenso wie für den Glauben an Verschwörungsmythen von Bedeutung. Immerhin stimmen 33% Verschwörungserzählungen über *Covid-19* im stark ausgeprägten Maß zu und sogar 47,8% glauben, die Hintergründe der Corona-Pandemie werden nie ans Licht der Öffentlichkeit kommen.

Aus diesem starken Drittel unmittelbar auf eine Gefahr für die Demokratie zu schließen, wäre allerdings überzogen. Denn von einer solchen Verschwörungsannahme bis zur Umsetzung in politisches Verhalten ist ein weiter Weg; er würde von Demonstrationen über Wahlverhalten bis hin zur Bereitschaft zu Gewalt reichen; gegenwärtig sind es weit weniger als 10%, die etwa der AfD folgen würden.

Andererseits wird Ende 2020 die Verbindung von Pandemie und ökonomisch-sozialer Krise für weite Schichten zu einer Bedrohung. Nach einer Studie des Instituts für Demoskopie Allensbach (vergleiche Spiegel online vom 2.12.2020) sehen sich die im Oktober und November 2020 befragten 30- bis 59-Jährigen (die »Generation Mitte«) zu 48% »schlechter gestellt als vor der Krise«; der Anteil der Befragten, die zuversichtlich in die Zukunft schauen, hat sich von 50% im Jahr 2018 auf 22% im Jahre 2020 reduziert. 72% der Deutschen stellen »mehr Ängste, mehr Verunsicherung« fest; 71% sagen, »die Aggressivität habe zugenommen«. Ein knappes Viertel befürchtet, den eigenen Arbeitsplatz zu verlieren (2019: 14%), und jeder zweite gibt an, die Globalisierung sei zu weit getrieben worden. Dies macht die Haltung der demokratischen Exekutive und ihre jeweilige Nachprüfbarkeit im Umgang mit der Pandemie entscheidend.[63]

---

[63] Wir sind bei allen Gefahren für die Demokratie in Deutschland nicht in der Gefahr der Wiederholung von 1933, jedenfalls für abseh-

Rechtsextremer Angriff auf die Republik. Schwarzer Tag des 18. November 2020

In den Debatten um eine demokratische Einhegung der besonderen Maßnahmen zur Eindämmung der Pandemie, dem veränderten Infektionsschutzgesetz, hatten die Scharfmacher der AfD das Wort und sprechen allen Ernstes von einer *Diktatur* und mit Blick auf das Infektionsschutzgesetz von einem *zweiten Ermächtigungsgesetz*, also von einer Lage wie 1933, so der Abgeordnete Petr Bystron und in etwas vornehmerer Weise Gauland, als er im Bundestag am 18. November 2020 von einer »Coronadiktatur auf Widerruf« sprach. Beides sind Vokabeln, die die etwa 9.000 Demonstranten im Zentrum Berlins und vor dem Bundestag als Mobilisierungsausrufe begriffen haben, nach der Gauland-Devise: Wir hetzen gegen die sogenannten Altparteien, ihr draußen mobilisiert und das schließt seit Wochen Gewalt ein. Das heißt, sie wissen, was sie tun: Sie versuchen als 10%-Partei, gegen die Republik zu mobilisieren, wie andere, ebenfalls antidemokratische Parteien gegen Ende der Weimarer Republik.

»Alles kaputt« (Gauland) – der 18. November 2020 in und außerhalb des Bundestags[64]

Es ist nur folgerichtig, dass zwei Abgeordnete der AfD-Bundestagsfraktion, Udo Hemmelgarn und Petr Bystron, mehrere extrem rechte Medienaktivisten, unter anderem Thorsten Schulte

---

bare Zeit nicht. Es ist Zeit, den Anfängen und Fortgängen zu wehren. Und die Chancen sind in Deutschland dafür gut. Es ist allerdings nicht gelungen, die Zunahme an Gewalt, die mit der Hetze der AfD und anderer verbunden war, angemessen und schnell einzudämmen. Stattdessen gab es eine Welle an Attentaten. Aber aus ihnen ist inzwischen gefolgert worden, dass man am Beispiel eines aggressiv aufgeladenen Klimas und vermehrter Gewalttaten einen Zusammenhang zwischen Hetze und Gewalt erkennen kann.

64 RND berichtete am 20.11.2020: Nach Ansicht von Gauland haben Fraktionsmitglieder um Petr Bystron »alles kaputt gemacht«. »Kaputt« ging dabei das Zusammenspiel zwischen Drinnen und Draußen. Drinnen, im Parlament, lieferte Gauland die Stichworte für die Demonstran-

und Rebecca Sommer in das Parlamentsgebäude eingeschleust haben; sie hatten dies in den Tagen zuvor angekündigt und bei ihrem »Besuch« unter anderem Wirtschaftsminister Peter Altmaier und den FDP-Abgeordneten Konstantin Kuhle bedrängt, bedroht oder beleidigt (vgl. Tagesspiegel vom 20.11.2020).

Je ängstlicher die Abgeordneten wirken, je eingeschüchterter sie sich fühlen – desto größer erscheint die (vermeintliche) Feier der eigenen Größe und Großartigkeit der Eindringenden, selbstverständlich ohne Maske: Die radikalisierenden Demonstranten haben das Ziel, Parlament und Staat verächtlich und schwach zu machen und zu triumphieren. In dieser Logik liegt es nahe, dass noch andere auch gewalttätige Überraschungen geplant werden.

Zu Recht wurde ohne Ausnahme von allen demokratischen Parteien gegen die Rechtsextremen im Parlament Front gemacht und von einem schwarzen Tag der Berliner Republik gesprochen. Es werde geprüft, ob es sich nach Paragraf 106 des Strafgesetzbuches um die Nötigung von Mitgliedern eines Verfassungsorgans handelt, für die Freiheitsstrafen von drei Monaten bis zu fünf Jahren oder in besonders schweren Fällen von bis zu zehn Jahren vorgesehen sind.

Aus den Erfahrungen der Gegner der Demokratie in der Weimarer Republik resultiert die Einstellung, dass alles getan werden kann und soll, diese Staatsform an ihrer Funktion zu hindern und das heißt auch Gewalt – ähnlich wie die SA gegenüber dem damaligen Reichstag – auszuüben.

Wir stehen vor dem Paradox, dass mit dem Verweis auf 1933 Mittel, wie sie von damaligen Faschisten eingesetzt wurden, zu einer konkreten Möglichkeit werden. In der Logik dieser Gegner der Demokratie ist jederzeit auch unmittelbare Gewalt gegen Abgeordnete und damit die gewalttätige Blockade der Funktion des Parlaments nach dem US-amerikanischen Vorbild in Michigan und Wisconsin denkbar und logisch sogar nahegelegt. Mit anderen Worten: Die AfD in Gestalt der um Höcke und Kalbitz

---

ten, sah eine »smarte Gesundheitsdiktatur« aufziehen und bezeichnete den Polizeieinsatz als »Gewalt gegen nicht genehme Demonstranten«.

Versammelten zielt auf das Ganze, sie wollen den Sturz der Republik. Damit ist zugleich die Taktik – im Parlament sind wir moderat und reden, außerhalb des Parlaments drohen wir mit Gewalt – aufgegangen. Es passt dazu, dass Gauland darüber erschüttert ist und beklagt, dass jene, die diese Radikalisierung zu verantworten haben, »alles kaputt« gemacht hätten. Sie haben kenntlich gemacht, worum es dieser Partei von Gauland bis Höcke geht.

Das Ziel: Macht der Straße – Ohnmacht von Parlament und Staat

Nach Aussagen der Berliner Polizeipräsidentin Barbara Slowik waren bei den Corona-Protesten Potenzial und Brutalität der Gewalt immens (vgl. auch zum Folgenden Tagesspiegel vom 19.11.2020): »Wir sind von ganz buntem Publikum weggekommen und haben es zunehmend mit einem Spektrum von Menschen zu tun, die unser System generell ablehnen und bereit sind, dafür extreme Gewalt anzuwenden.« Einer Beamtin, die keinen Helm trug, wurde mehrfach gegen den Kopf getreten; sie kam in ein Krankenhaus. Insgesamt leitete die Polizei 257 Strafverfahren ein, unter anderem wegen schweren Landfriedensbruchs, tätlicher Angriffe und versuchter Gefangenenbefreiung. »Das Potenzial und die Brutalität der Gewalt am Mittwoch waren immens. Einzelne Stimmen haben mir gesagt, sowas haben wir in Berlin seit Jahrzehnten nicht erlebt.« (Slowik) Inzwischen würden Tausende Menschen gleichzeitig die Regeln verletzen.

Rund 40 Hooligans sollen – im Schatten der 9.000 Demonstranten – versucht haben, zum Reichstagsgebäude vorzudringen. An den Demonstrationen war das gesamte rechtsextreme, rechtspopulistische und neonazistische Spektrum beteiligt: von Jürgen Elsässer über die nach wie vor einflussreichsten Brandenburger AfDler, unter anderem Kalbitz und Bessin, bis zur NPD, Vertreter des Dritten Wegs und der Identitären.

Der Polizeieinsatz an diesem 18. November war allerdings im Vergleich zum Einsatz gegen Corona-Demonstrant*innen wenige Tage zuvor in Leipzig kein Armutszeugnis für den Rechtsstaat. Da die Einhaltung der Auflagen von den Organisatoren systematisch nicht durchgesetzt worden ist, wurden ab Mittag vor dem Brandenburger Tor Wasserwerfer eingesetzt und das Parlament zu schützen versucht (vgl. Tagesspiegel vom 19.11.2020).

Gegenüber den Provokationen der AfD überlegt der Verbund der Verfassungsschutzbehörden schon länger, ob die AfD als Gesamtpartei zum Beobachtungsfall erklärt werden sollte. In Thüringen, Brandenburg – und im Dezember auch in Sachsen – wurde die AfD von den dortigen Verfassungsschutzbehörden zum Beobachtungs- und Verdachtsfall erklärt; für die Gesamtpartei wird dies angesichts der weiteren Radikalisierung und des größeren Einflusses des völkischen Flügels für Anfang des Jahres 2021 erwartet.

Die Bundesrepublik werde als Wiedergänger der NS-Diktatur diffamiert und ein Bürgerkrieg herbeigewünscht. Das Querdenkermilieu hat sich entschieden radikalisiert. Sich wie Gauland davon frei zu halten und die Gäste als *unzivilisiert* zu bezeichnen, ist, so der Tagesspiegel vom 21.11.2020, blanker Zynismus: »Gauland ist eine der treibenden Kräfte bei der mentalen Verwilderung der Partei. Dass sich zumindest Teile der Partei nicht an die Regeln der Demokratie gebunden fühlen, ist auch Gaulands Schuld.«

Entschieden ist mit dem 9. Dezember 2020 die Beobachtung des Querdenker-Spektrums durch den Verfassungsschutz von Baden-Württemberg;[65] hier hatten die Querdenker unter Michael Ballweg ihre ersten Demonstrationen. Inzwischen sind AfD, NPD, Reichsbürger und Verschwörungsideologen der Qanon-Bewegung mit zunehmender Dreistigkeit dabei beteiligt.

[65] Nach ARD-»Tagesthemen« vom 2.12.2020 gibt es geheim gehaltene Kooperationsgespräche zwischen dem Vertreter der Querdenker-Bewegung, Michael Ballweg, und führenden Vertretern der rechtsextremistischen Reichsbürger; dies lege nahe, die Querdenker-Bewegung zu einem Prüffall des Verfassungsschutzes zu machen. Anfang November 2020 ist der Zusammenhang zwischen Querdenkern, anderen Rechtsextremen und den Vertretern des »Flügels« in der AfD auch vom Chef des Landesamts für Verfassungsschutz in Hamburg nachgewiesen worden

Rolle der AfD bei der Ministerpräsidentenwahl in Thüringen 2020

Von besonderem Interesse für die Entwicklung der AfD ist die Entwicklung in Thüringen. Bei der dortigen Landtagswahl hatte am 27. Oktober 2019, wie zuvor in Sachsen und in Brandenburg, ein glattes Viertel der Wähler*innen für die Partei gestimmt. Davon hatte sie auch der Spitzenkandidat Björn Höcke nicht abgehalten. Als Ergebnis erhielt DIE LINKE im neuen Thüringer Landtag 29 Sitze, die AfD 22, die CDU 21, die SPD 8, Grüne und FDP jeweils 5. Damit verfehlte die regierende rot-rot-grüne Koalition die Mehrheit von 46 Mandaten.

Damit begann zugleich ein dramatischer Konflikt in der CDU. Erstmals waren nun in einem deutschen Landesparlament diejenigen in der Mehrheit, mit denen die CDU unter keinen Umständen kooperieren wollte: die in Thüringen besonders rechtsextreme AfD einerseits und die im rot-rot-grünen Bündnis mitregierende und anerkannte LINKE mit dem in Thüringen besonders beliebten Ministerpräsidenten Bodo Ramelow andererseits. Statt die spezifische Situation der Thüringer CDU angemessen zu analysieren und der dortigen Partei Spielraum zu geben, formierte sich in Teilen der Landes-, vor allem aber in der Bundes-CDU eine geradezu dogmatische Position des »mit keinem der beiden«. Nicht erkannt wurde, dass damit das Parlament vor die Wand gefahren wird, da es unter diesen Voraussetzungen keine Mehrheit für eine Regierungsbildung geben kann.

Das Hufeisen. Selbstblockade der CDU auf den Spuren einer grob verfälschenden Extremismus-Ideologie

Vier Monate lang blockierte die Landes-CDU mithilfe ihrer Bundesspitze eine demokratische Lösung. Sie folgte einem absurden dogmatischen Bild aus der Physik, das zu allem Überfluss das erste Mal in der extremen Rechten während der Weimarer Republik geschmiedet worden war: einem *Hufeisen*, dessen Enden einander nah seien und sich geradezu magnetisch anziehen würden. Dieses Bild verzerrte die gerade in Thüringen konträren Haltungen der extremen Rechten einerseits und der demokratisch-pragmatischen Linken andererseits bis zur Groteske.

Dem Historiker Volkmar Wölk (2020) ist es zu verdanken, dass er in seinem Beitrag »Auf den Spuren des Hufeisens« die historische Entwicklung des Begriffs nachgezeichnet hat. Dabei verweist er kritisch auf die Dissertation des Extremismusexperten Uwe Backes (1989). Danach hatte Otto Strassers extrem rechte Kampforganisation *Schwarze Front* dieses Bild zur Selbstbeschreibung benutzt. Backes habe nun diese Vorstellung vom Hufeisen – dem ideologisierten Bild der *Schwarzen Front* folgend – auf ein ganz anderes historisches Phänomen, die Differenz zwischen Links und Rechts in den 1970er und 80er Jahren, transferiert. Mit einem Bild aus den 1930er Jahren versuchte Backes somit die Differenz zwischen Links und Rechts aufzulösen und unterstellte eine magnetische Nähe von extremen Linken und extremen Rechten in Deutschland. Das ist nichts anderes als eine grobe Geschichtsklitterung und eine falsche Zuordnung von Rechts und Links.

Die Situation am Ende der Weimarer Republik auf die heutige Situation zu übertragen, ist pure Ideologie und führt zu einem Dogmatismus, der letztlich eine konservative, liberale und christliche Volkspartei, die an einer pragmatischen Machtstrategie orientiert ist, auseinandersprengen würde.

Das Hufeisen-Bild ist somit über Uwe Backes und Eckhard Jesse[66] außer Kontrolle geraten und bewirkt gefährliche Turbulenzen in einer angeschlagenen Volkspartei. Umso verantwortungsloser ist die Anwendung dieser Spielart der Extremismustheorie.[67]

---

[66] Wölk bezieht sich hier kritisch auf Backes/Jesse 2005.

[67] »Der Begriff des politischen Extremismus soll als Sammelbezeichnung für unterschiedliche politische Gesinnungen und Bestrebungen fungieren, die sich in der Ablehnung des demokratischen Verfassungsstaates und seiner fundamentalen Werte und Spielregeln einig wissen.« (Backes/Jesse, zitiert nach Kopke 2019) Aber: »Wissen sich die Funktionäre der Neonazipartei ›Der dritte Weg‹, der Europa-Abgeordnete Udo Voigt von der NPD und der Vorsitzende der marxistisch-leninistischen Partei Deutschlands und Autonome wirklich einig in ihrer Ab-

Es ist zu hoffen, dass sich demgegenüber die Stimmen in der CDU durchsetzen, die Unterschiede markieren. So erklärte Armin Laschet in seiner Dankesrede zur Verleihung des Israel-Jakobson-Preises am 2. März 2020 in der neuen Synagoge in Berlin: »Ja, wir haben einen Beschluss, dass wir mit beiden Parteien nicht kooperieren dürfen. Aber ich finde, es gibt einen Unterschied‹ (…). ›Linke vertreten vielleicht manche These, die ich nicht teile, aber sie ziehen nicht mordend durchs Land.« (Zitiert nach ruhrnachrichten vom 3.3.2020)

Mit anderen Worten: Die Übertragung eines physikalischen Bildes auf komplexe politische Verhältnisse ist Ausdruck von Dogmatismus und verfehlt kluge Politik. Die schon physikalisch schiefe Analogie ausgerechnet auf die Regierung aus Linken, Sozialdemokraten und Grünen unter Bodo Ramelow anzuwenden, führt geradezu in die Irre: Denn der aus Westdeutschland kommende jahrzehntelang aktive Gewerkschafter Ramelow hat sich seit der Neugründung des Freistaats Thüringen um die Schwächeren gekümmert und stand furchtlos an ihrer Seite, etwa bei den streikenden Kali-Bergwerkern in Bischofferode. Er war und ist völlig unfähig zu autoritären kommunistischen Strategien und

---

lehnung des demokratischen Verfassungsstaats?«, fragt Christoph Kopke (2019) zu Recht sarkastisch. Das Irrwitzige der Hufeisen-»Theorie« besteht überdies darin, dass die Enden des Hufeisens sich unvermeidlich wie Magnete anziehen würden. Schon physikalisch funktioniert das nicht so. Und während die klassischen Rechtsextremen von einer Ideologie der Ungleichwertigkeit und Menschenfeindlichkeit geprägt sind und die Etablierung autoritärer Herrschaft und Gewalt als legitimes Mittel der Auseinandersetzung befürworten, ist die Linke umgekehrt an einer Eindämmung von Ungleichheit und Ungleichwertigkeit im Sinne sozialer und politischer Emanzipation orientiert und die extreme Linke an der sozialen und nationalen Befreiung, wobei einige Varianten Gewalt nicht ausschließen. Zudem gibt es auch da Unterschiede zwischen Autonomen, Anarchisten oder Stalinisten. Somit ist jeweils eine genaue Kennzeichnung der Entstehung der Ideologie, der Praxis und des Ausmaßes der Veränderungs- oder Umwälzungsstrategien notwendig und erst recht eine Untersuchung, ob sie mit Gewalt durchgeführt werden sollen oder nicht.

hat in den fünf Jahren seiner Regierungstätigkeit als Ministerpräsident gezeigt, dass er die Interessen der Menschen ernst nimmt und eine soziale, pragmatische, in Thüringen von mehr als zwei Dritteln der Bevölkerung anerkannte Politik macht.[68]

Die Annahme einer gleich weiten Entfernung des rechten und linken Spektrums von der »Mitte« hatte in den 1970er Jahren der konservative Bonner Historiker Manfred Funke geteilt (vgl. dazu Kopke/Rensmann 2000). Er hatte ein Kreismodell entworfen, demzufolge sich die Demokraten im inneren Kreis befänden, Extremisten dagegen im äußeren Kreis, wo letztere einander die Hände reichen. Backes und Jesse berufen sich zudem ausdrücklich auf die Thesen des späten Ernst Nolte, der den Antibolschewismus der Nationalsozialisten verteidigt, die Rassengesetze 1935 rationalisiert und behauptet hatte, die Juden hätten die Feindschaft nicht ohne Recht auf sich gezogen (vgl. ebd.).

»Diesen ›im Kern rationalen‹ Kampf gegen den ›linken Extremismus‹ im ›Weltbürgerkrieg der Ideologien‹ prolongieren seine Schüler nun in die Gegenwart. Wie der Nationalsozialismus damals, so erscheint die radikale Rechte heute in ihrem Kampf gegen sozialistische Ideen nicht von vornherein im Unrecht. Dadurch wird der völkischen Bewegung früher wie heute eine gewisse Legitimität zugesprochen. Die Forschung, die noch bei der PDS und der ›linken SPD‹ die extremistische Gefahr lauern sieht, mit der radikalen Rechten aber kaum Probleme hat, rationalisiert eine nationalkonservative ›Bürgerkriegsmentalität‹ (Micha Brumlik) vom rechten Rand der CDU – die Mitte, der Staat sind ›wir‹, und links von ›uns‹ lauert der Untergang des Vaterlandes. Dass diese Apokalypse, die auch bei der Einwanderung beschworen wird, bisher ausblieb, macht den ›linken Extremismus‹ in dieser Optik nicht weniger heimtückisch und gefährlich. Die Extremismus-Theorie läuft so im Kern auf nichts anderes hi-

[68] https://de.statista.com/infografik/20740/politikerzufriedenheit-bodo-ramelow/. Es war zudem Bodo Ramelow, der sich gegen seine Beobachtung durch den Verfassungsschutz in Gerichtsprozessen erfolgreich gewehrt hat.

naus als auf die Rehabilitation eines undemokratisch verselbständigten Staates, dem praktisch jedes Mittel recht ist und der jenseits der selbst definierten ›politischen Mitte‹ niemanden duldet. Hinter diesem Verständnis wehrhafter Demokratie steht mithin ein dichotomes Freund-Feind-Denken im Sinne der Staatsrechtslehre Carl Schmitts.« (Ebd.)

Demgegenüber ist es auch auf der rechten bis rechtsextremen Seite, wie die gegenwärtigen Diskussionen und die Beispiele in dieser Schrift zeigen, analytisch und politisch entscheidend, ob man es etwa mit der von Bernd Lucke und Frauke Petry dominierten AfD des Jahres 2013 oder der AfD Höckes zu tun hat.

Problematische Positionen: Friedrich Merz und Eckhard Jesse

Schon vor knapp 20 Jahren wurde die Extremismustheorie in der damals entfesselten Diskussion um den immer virulenter werdenden gewaltbereiten Rechtsextremismus benutzt, um auf die von der Linken ausgehenden Gefahren abzulenken. An der großen gemeinsamen Demonstration aller demokratischen Parteien »für Menschlichkeit und Toleranz« und gegen Rechtsextremismus am 9. November 2000 nahm auch der damalige Vorsitzende des Zentralrats der Juden in Deutschland, Paul Spiegel, teil und kritisierte die Relativierung des Rechtsextremismus durch Parteien rechts der Mitte, wie der CDU.

»Spiegel (...) betonte in seiner Rede, die ›demokratisch gewählten Politiker [seien] mitverantwortlich« für die Besorgnis erregende Virulenz des Rechtsextremismus. Seine Anspielung auf ein immer noch nicht vergangenes Jahrzehnt der Verharmlosung rechtsradikaler Gewalt verknüpfte Spiegel mit dem unmissverständlichen Appell an alle Politiker, ›ihre populistische Sprache zu zügeln‹ und aufzuhören, ›verbal zu zündeln‹: ›Was soll das Gerede um die Leitkultur? Ist es etwa deutsche Leitkultur, Fremde zu jagen, Synagogen anzuzünden, Obdachlose zu töten?‹ Spiegels Kritik gerade an der ›politischen Mitte‹ traf in erster Linie den Vorsitzenden der CDU/CSU-Bundestagsfraktion Friedrich Merz, den Urheber des Streits um eine ›deutsche Leitkultur‹, an die sich die hierher kommenden Einwanderer anzupassen hätten. Merz seinerseits verkündete, die staatlich organisierte Demonstration solle ›nach außen‹ zeigen, dass die Bundesrepublik demokratisch gefestigt sei, und nach innen deutlich machen, dass jeder, der die politische Mitte verlasse, ob nach links oder rechts, kein Verständnis erwarten dürfe.« (Ebd.: 1451)

Wie voreingenommen und verharmlosend sich der zentrale Proponent der Extremismustheorie, Eckhard Jesse, im Hinblick auf die extreme Rechte äußert, stellte er schon 1990 unter Beweis, als er von einem »Popanz eines gefährlichen Rechtsextremismus« sprach (zitiert nach Kopke/Rensmann 2000: 1455). Sechs Jahre später behauptete er, die »Sensibilität gegenüber Gefahren von rechts« habe sich in eine »Hypersensibilität« gesteigert, der »Blick nach rechts« sei »überscharf entwickelt« (zitiert nach Kopke 2019). Nach der Selbstenttarnung des NSU sprach er von »mörderischen Vorgänge(n) (…), mit denen wohl keiner gerechnet hatte« (zitiert nach ebd.).

Noch nach den Wahlen in Sachsen erklärte der inzwischen den Positionen der AfD nahe Eckhard Jesse der rechtskatholischen Tagespost am 3. September 2019, »›dass die etablierten Parteien sich im Landtags-Wahlkampf gegenüber der AfD nicht angemessen verhalten haben. ›Alle gegen einen‹ – das ist erstens unfair und zweitens auch kontraproduktiv. Auf diese Weise zählt ›Die Linke‹ automatisch zum Verfassungsbogen, die AfD nicht. Als Extremismusforscher kann ich so eine simple Dichotomie nicht teilen. (…) Der beständige ›Kampf gegen rechts‹ nutzt sich ab. Durch die Fixierung auf die AfD kommt das Profil der Parteien nicht mehr zum Tragen‹, ist der Politik-Professor überzeugt, der bis zu seinem Ruhestand an der TU Chemnitz gelehrt hat.«

Höckes und Kubitscheks Sarkasmus über Kemmerich

Die Wahl von Thomas Kemmerich zum thüringischen Ministerpräsidenten mithilfe der AfD wurde von Höcke und seinen Beratern mit feixendem Jubel quittiert. Götz Kubitschek schreibt im Blog der »Sezession« noch am selben Tag: »Zum Glück tut in der AfD nun niemand so, als seien mit Thomas Kemmerich Gespräche über politische Inhalte sinnvoll. Er ist die Figur, die

König Ramelow mattsetzte, mehr nicht, und er hat sich – so ist das bei Figuren – nicht selbst geführt. Kemmerich, der mit den Stimmen der AfD im 3. Wahlgang zum Ministerpräsidenten Thüringens gewählt wurde, hat sich noch nicht einmal selbst auf das Spielbrett gesetzt. Alles lag irgendwie nahe, alles war für ihn aufgefächert wie ein Skatblatt vor einer Kinderhand, die fast sicher nach der ein wenig weiter nach vorn geschobenen Karte greift.«[69]

Höcke und Kubitschek hatten es kaum für möglich gehalten, so schnell zu einem zentralen Erfolg ihrer Strategie zu kommen, die darin bestand, die alten Parteien vorzuführen, der ob ihrer Flüchtlingspolitik bei der extremen Rechten verhassten Bundeskanzlerin erneut einen Schlag zu versetzen und gleich noch dem »System« dazu. Gewiss, sie hatten den »Coup« lange vorbereitet; seit Anfang November waren sie sich darin klar, dass sie ihre Strategie wechseln und Angebote an die von ihnen verachteten Parteien machen mussten, um bei diesen eine selbstverantwortete Blockade auszunutzen. Damit waren sie mithilfe von FDP- und CDU-Protagonisten, vor allem aber mithilfe des CDU-Spitzenkandidaten Mike Mohring für einige Wochen in Thüringen – und in einem erschütternden Ausmaß in der Berliner Republik – erfolgreich.

Sie hatten vermutlich selbst nicht geahnt, dass diese Parteien das eigene Selbstverständnis einer verantwortlichen, konstruktiven Politik im taktischen Spiel um Macht und Minister zeitweise völlig außer Acht lassen würden. Höcke und Kubitschek waren ihrem eigentlichen Ziel ein erhebliches Stück näher – die Berliner Republik mit der Methode der Zersetzung zu attackieren und auf den Weg zu einer anderen, ethnisch gesäuberten, geschichtsvergessenen, illiberalen Republik jenseits des Grundgesetzes zu stoßen.

[69] https://sezession.de/62123/hoeckes-schachzug-drei-anmerkungen

Aufstand der Demokraten gegenüber dem Coup

Unmittelbar nach der Wahl von Kemmerich gab es einen Aufstand der Öffentlichkeit gegen den Putschversuch der Faschisten um Höcke, der dessen durch Tricks und Täuschungen errungenen Sieg in einen Pyrrhus-Sieg verwandelte. Und der Fraktionsvorsitzenden der Linken im Landtag, Susanne Hennig-Wellsow, gelang mit dem »Blumenstraußwurf« eine ikonische Demonstration zur Brechung des »Glückwunsch«-Rituals.

Mehr als zehntausend Bürger*innen, vornehmlich aus Thüringen, ältere und jüngere, stellten sich am 15. Februar in der Landeshauptstadt Erfurt in einer Großdemonstration entschieden gegen die Gefahr von rechts; sie zeigten ein Demokratiebewusstsein, das mit dem vorgeschobenen und trickreichen »Demokratie«-Verständnis der AfD nicht vereinbar ist. Sie verdeutlichten den Parlamentariern, wie wichtig es ist, sich in und zwischen den demokratischen Parteien mit einem Mindestmaß an gegenseitiger Verlässlichkeit und an (neu zu bildendem) Vertrauen auf eine kluge, sozial sensible Politik zu einigen und den Parteienstreit auf dieses Ziel zu konzentrieren – statt auf abstrakte Zuspitzungen, in denen der jeweils andere abgewertet oder sogar mit Gewalt bedroht wird.

Zugleich herrschte in diesen vier Wochen ein banges Warten und ein völliger Stillstand der Politik. Die thüringischen Bürger*innen, mit denen ich damals sprach, waren außer sich und haben vielfach den ganzen »Laden« verdammt. Es waren Wochen der Parteien-, Politik- und Demokratieverdrossenheit.

Wie 1930? Konstruktive Kompromissfähigkeit als Rettung

Dabei hatte das Versagen und die fehlende Courage zum demokratischen Kompromiss schon in der späten Phase der Weimarer Republik – *übrigens auch und gerade in Thüringen* – die Selbstentmächtigung des Parlaments befördert – eine Analogie von historischer Tragweite.

Die Vertreter von Rot-Rot-Grün wussten: Es hängt von mutigen Abgeordneten in der CDU und der FDP einerseits und den Abgeordneten um Bodo Ramelow, Wolfgang Tiefensee (SPD) und Dirk Adams (Grüne) andererseits ab, ob sich die wichtigsten demokratischen Institutionen gegenüber den Angriffen der extremen Rechten letztlich behaupten, die demokratischen Institutionen stärken und neu legitimieren können. Selten in der Geschichte der Bundesrepublik war die souveräne Befähigung zum Kompromiss wichtiger als in diesen Tagen in Erfurt.

Die Antwort der demokratischen Parteien auf die destruktive Strategie der AfD konnte also nur sein, dass sie, einschließlich der Partei Ramelows, endlich aus Verantwortung gegenüber den Menschen in Thüringen konstruktive, verantwortliche Politik machen, eine Regierung verabreden und wählen, einen Haushalt beschließen und sich in absehbarer Zeit auf Neuwahlen verständigen. Es war eigentlich im Interesse der gewählten Parlamentarier und vor allem der Bürger*innen in Thüringen, dass das Parlament vier Monate nach der Wahl in der Lage ist, politisch klug zu handeln. Die Abgeordneten in der CDU- wie in der FDP-Fraktion sind – dies zeigt sich inzwischen – an einer weiteren Selbstblockade des Parlaments nicht interessiert. Sie hatten in Bodo Ramelow einen überzeugenden Demokraten und fairen Verhandlungspartner.

Gemeinsam hatten sie die Chance, zügig einen konstruktiven Kompromiss auszuarbeiten und zu beschließen: 1. Die Wahl eines Ministerpräsidenten, um die anstehenden Dinge wie den Haushalt alsbald klären und verabschieden zu können. 2. Die Verabredung zu einer Neuwahl nach einer ausreichenden Übergangsfrist. Hierfür wurde inzwischen der 25. April 2021 als Termin festgelegt. Diese beiden Schritte waren schon aus Gründen der Selbstachtung des Parlaments notwendig. Sie sollten zeigen, dass nach dem letztlich gescheiterten Coup vom 5. Februar das Parlament und eine für den Übergang gewählte Exekutive handlungsfähig sind.

Notwendige Klärung der Unionsparteien als konservative, liberale und christliche Volkspartei

Wie ungeklärt das Verhältnis der CDU in gleich mehreren ostdeutschen Ländern zur weithin rechtsextremen AfD ist, zeigte sich erneut Ende 2020 in Sachsen-Anhalt. Eine Allianz von AfD und radikalen Rechten in der CDU haben verhindert, dass der Landtag eine Entscheidung in Sachen Erhöhung der Rundfunkgebühren fällen konnte. Das grundsätzliche Problem der Unionsparteien, das hier erneut zum Ausdruck gekommen ist, besteht darin, dass sie mit und nach der Flüchtlingsdebatte des Jahres 2015 nicht ihr Verhältnis nach rechts außen zureichend geklärt haben. Über lange drei Jahre war es die CSU, die sich systematisch, und zwar Söder wie Seehofer, an die Position der AfD angenähert hatten, ehe ihnen der Wähler in der letzten Landtagswahl in Bayern einen Strich durch die Rechnung gemacht hat. Heute ist es der Kandidat für den Parteivorsitz, Friedrich Merz, der als langjähriges Aufsichtsratsmitglied von Blackrock marktradikale Positionen vertritt und nach rechts außen Signale sendet. Es scheint für das Fortleben der Unionsparteien als Volksparteien dringlich, ihre Integrationsfähigkeit von christlichen, konservativen und sozial orientierten Wählern zu klären, ihre konservativen Werteorientierung und ihr unterschiedlich weitgreifendes liberales Gesellschaftsverständnis, die konventionellen Werte ebenso wie mit der Entwicklung der CDU unter Merkel postkonventionelle Werte einschließt. Kommt es indes dazu, dass sich die konservativ-liberal-christlichen Unionsparteien erneut ins Ethnonationalistisch-Konservative begeben, sind die Flanken für Kooperation mit der inzwischen weithin rechtsextreme Partei AfD offen – damit aber ihr Integrationspotenzial ins christliche ebenso wie ins liberale Milieu reduziert.

Höckes Dresdner Umsturzrede. Zwischen Verschmelzungslust und Vernichtungswut

Eineinhalb Jahre nach dem Fanal von Chemnitz, dem Zusammentreffen von Höcke, Kalbitz und Bachmann, trafen sich die Beteiligten am 17. Februar 2017 zur 200. Pegida Veranstaltung in Dresden, wenige Tage vor dem Attentat von Hanau, erneut. Die Höcke-typische Rhetorik erfüllte alsbald die Veranstaltung, zu der sich mehrere tausend Anhänger*innen versammelten. Der Redner begann mit äußerst emotionalen, ja schwärmerischen Verschmelzungsworten mit den vor allem älteren Zuhörern. Minutenlang feierte er sie und ließ sich vielfach mit »Höcke, Höcke«-Rufen selbst begeistern – es nahm Züge einer kollektiven Symbiose an. Danach denunzierte er die Protestierer in seinem entgrenzten Zynismus als Schmarotzer, als Zivilgesellschaft, die es trockenzulegen gelte, um sich als derjenige zu feiern, der mit der Wahl von Kemmerich zum Ministerpräsidenten die demokratischen Parteien in Thüringen vor sich hergetrieben hatte. Dabei entwickelte er in gleichbleibender emotionaler Intensität seine Vernichtungsphantasien: gegen die, die gegen ihn demonstrieren, die für ihn sogenannte Zivilgesellschaft, gegen das politmediale »Establishment« und Angela Merkel. Die Bundesrepublik sei ein Irrenhaus. Kritiker seiner Partei bezeichnete er unter dem begeisterten Beifall der Pegida-Anhänger als hemmungslos, irre, völlig verrückt und geistig gestört. »Die Herrschaft der verbrauchten Parteien und Eliten muss abgelöst werden, und wir werden sie ablösen. Das Land steht Kopf. Wir müssen es wieder auf die Füße stellen, wir müssen das Unterste wieder nach unten stellen. Wir werden diesen Kampf gemeinsam führen und gemeinsam gewinnen.« (Zitiert nach Berliner Zeitung vom 17.2.2020) Das politmediale Establishment bilde unter Führung von Angela Merkel eine nationale Einheitsfront, um Demokratie und Menschenwürde zu beschädigen. Ein entfesselter Höcke rief unverhohlen zum Umsturz in der Bundesrepublik auf.

Wenige Tage später, am 19. Februar, erfolgte das Massaker des Attentäters von Hanau, der zehn Menschen ermordete – so viele wie der NSU in sieben Jahren.

Sieg des Thüringer Parlaments

Am 4. März kam es zu einem beispiellosen Showdown im Thüringer Landtag. Bodo Ramelow trat mit seinem Bündnis von Rot-Rot-Grün erneut zur Wahl zum Ministerpräsidenten an.

Der Gegenkandidat war Björn Höcke. Ramelow hatte zunächst gefordert, dass ein Teil der CDU-Fraktion ihm zur Mehrheit verhelfen sollte, diese Forderung aber vor Beginn der Plenarsitzung zurückgenommen, wohl auch, um der CDU mit ihrer neuen Führung unter Mario Voigt einen Weg aus ihrem Dilemma zu bahnen: Die CDU in Thüringen erstrebte eine Lösung der Regierungskrise, ohne unmittelbar die beiden Beschlüsse des Bundesparteitags zu brechen, die forderten, weder die AfD noch DIE LINKE zu unterstützen.

Der Ausweg bestand darin, dass Ramelow nicht mehr darauf bestand, bereits im ersten Wahlgang gewählt zu werden, für den eine absolute Mehrheit der Stimmen erforderlich war, sondern nun bereit war, auch in einen dritten Wahlgang zu gehen, bei dem nur noch die relative Mehrheit erforderlich war. Die CDU hatte demgegenüber nach dieser Ansage und der Verabschiedung eines Quasi-Duldungskonzepts gegenüber Rot-Rot-Grün bekannt gegeben, mit Enthaltung zu stimmen.

Im dritten Wahlgang wurde Bodo Ramelow mit 42 Stimmen seines Bündnisses bei 23 Gegenstimmen der AfD und 21 Enthaltungen erneut zum Ministerpräsidenten gewählt. Die anwesende FDP hatte an diesen Wahlgängen nicht teilgenommen.

Späte Verteidigung der demokratischen Institutionen

Das Ergebnis der Wahl löste einen Jubel aus, der auch die Zuschauerränge erreichte. In seiner Rede zur Annahme der Wahl erklärte Ramelow, dass er den Händedruck von Björn Höcke deswegen verweigert habe, weil dieser das Parlament getäuscht habe und einen destruktiven Kurs fahre. In diesem Drama rückte ein wenig an die Seite, dass mit dem Kompromiss zwischen Rot-Rot-Grün und der CDU in Thüringen ein monatelanges Trauerspiel beendet wurde, das Parlament sich endlich als handlungsfähig erwies, den Regierungschef zu wählen, und vor allem ein Stabilitätsmechanismus zwischen den vier Parteien verabredet wurde.

Diese Verabredung enthält einen neuen Schub an sozial sensibler Infrastrukturpolitik für die Kommunen und die abseits liegenden Regionen.[70] Damit wurde eine späte Verabredung der demokratischen Parteien (akzeptiert auch seitens der FDP-Fraktion) erreicht, endlich systematischer die sozialökonomische und politische Entfremdung zu überwinden und die – durch eine für die meisten völlig unverständliche monatelange Handlungsunfähigkeit des Parlaments verschärfte – Politikverdrossenheit praktisch angehen zu können.

Am Beispiel Trumps[71]

… lässt sich am Extrem beobachten, wozu eine destruktive Strategie führen kann: zur unmittelbaren Gefährdung der Demokratie, ihrer Institutionen und einer immensen, rassistisch verschärften Spaltung der Gesellschaft. Autoritäre Bewegungen, wie die von Trump inszenierte, entfalten ihre Dynamik aus Erfolgen, in seinem Fall aus seinem Sieg bei der Wahl zum US-Präsidenten im Jahr 2016 und einer immer wieder versuchten Dynamisierung und Radikalisierung insbesondere in Fragen rassistischer Hetze gegenüber Minoritäten. Aber sie verlieren ihren »Zauber« mit ihren Niederlagen. So ist nicht nur Trump, sondern ein »Trumpismus« der Selbstvergrößerung und der Abwertung aller anderen, mit den einander ergänzenden Komponenten – der

---

[70] Vgl. z.B. Susanne Hennig-Wellsow: Wirtschaft in Thüringen: Corona-Krise, Strukturwandel, sozial-ökologisches Umsteuern, 19.4.2020; www.susannehennig.de/nc/aktuell/detail/news/wirtschaft-in-thueringen-corona-krise-strukturwandel-sozial-oekologisches-umsteuern/

[71] Es bleibt für Trumps bisherige Parteigänger in Deutschland – von Bild bis AfD – irritierend, dass bis in die letzten Tage vor der Wahl sich – neben der AfD selbstverständlich – ein wenn auch kleiner Teil der deutschen Printmedien an seine Seite geworfen hat, so einige Autoren in der Welt, und selbst der ZEIT – in welcher die erratische und normlose Außenpolitik des bisherigen Präsidenten als in Teilen erfolgreich beschworen wird. Inzwischen ist selbst die Bild-Zeitung unter Julian Reichelt doch eines besseren belehrt worden und spricht von einem »Abgang ohne Anstand«.

Person Trump, der blinden Unterstützung durch Evangelikale, der nach rechts verschobenen republikanischen Partei sowie der autoritär-rechtsextremen Ideologie und deren teils gewalttätiger Organisationen – zunächst einmal ohne reale Durchsetzungsperspektive.

Die Erfolgssträhne des Trumpismus ist mit seiner Niederlage geschwächt, allerdings naheliegenderweise noch nicht für die, die aus einer Fusion sozialer Enttäuschungen und autoritärer Ideologie zu gläubigen Anhängern Trumps geworden sind. Nach der offenkundigen Niederlage erklärte der Noch-Präsident zeitweilig die Wahl wider aller Empirie für gestohlen und manipuliert. Anders als seine Spindoktoren hatte Trump indes kein strategisches Konzept für eine illegitime Machtergreifung. Und anders als in Polen und Ungarn wurde Recht und Gesetz nicht zugunsten einer »illiberalen Demokratie« umgebaut. In diesem Sinn wirkte sein übersteigerter Narzissmus strategisch blockierend.

Ebenso wenig sind die Medien umgebaut worden, trotz der massiven mit Lügen gespickten Unterstützung des Medienuniversums von Rupert Murdoch, von *Fox News* bis zur *New York Post*. Vor allem aber ist er an der entschiedenen Verteidigung der *checks and balances* gescheitert, an der Tatsache, dass gut 75 Millionen Wählerinnen und Wähler die Kandidat*innen der Demokratischen Partei gewählt haben. Außerdem wurde sichergestellt, dass die Wahlbehörden weitestgehend in Ruhe und Professionalität, durch Ordnungskräfte gestützt, bis zum Ende die Stimmen auszählen konnten – und dies mit der Hilfe vieler Republikaner vor Ort und auf Bundesebene.

Mit dem bisherigen Scheitern der Trumpschen Strategie gilt er, der die vermeintlichen »Loser« aller Welt zynisch, sadistisch und oft rassistisch verspottet hat, nun selbst als ein in seinem Narzissmus verfangener, von Gerichtsprozessen überzogener und mit Vorwürfen über Vergewaltigungen, Steuerhinterziehung und Korruption diskreditierter »Ex«. Allerdings verfügt er über eine inzwischen blind ergebene, teils religiöse Anhängerschaft, die er durch seine Medienpräsenz an sich zu binden vermag und mit der er eine erneute Kandidatur 2024 anzustreben scheint.

Mit der von Trump aggressiv verschärften Rhetorik seit seiner Kandidatur im Jahr 2015 erhöhte sich die Zahl rechter Gewalttaten; seine jetzige Behauptung, die Wahl sei gegen ihn manipuliert worden, kann erneut und vermehrt Gewalttaten provozieren. Der Wahlbeamte George Sterling aus Georgia warnte Anfang Dezember 2020: »Jemand wird verletzt werden. Jemand wird angeschossen werden. Jemand wird getötet werden.« (NTV, 2.12.2020)

Vor dem Scheitern?

Das unvergleichlich hohe Ausmaß an Lügen, die durch eine gläubige Anhängerschaft von zig Millionen bereitwillig akzeptiert werden, und die narzisstisch radikalisierte Entschiedenheit des Anführers Trump, jenseits aller Empirie und demokratischer Regeln an der Macht festhalten zu wollen, zeigt bilderbuchartig, wozu autoritäre Führungen in der Lage sind. Umfragen nach dem ausgerufenen Sieg Joe Bidens zufolge erwarteten allerdings 80% der US-amerikanischen Bevölkerung einen Rückzug Trumps: Damit hat sich die Zahl derjenigen auf ein Fünftel reduziert, die weiterhin glauben, Trump müsse an der Macht bleiben. Erneut hängt es von der Entschiedenheit der Mehrheit der Bevölkerung und der entsprechenden Institutionen, also einerseits des Militär- und Sicherheitsapparats und andererseits der Justiz, ab, ob die De-Realisierung und Leugnungsstrategie noch »Erfolge« zeitigt, wenn es im Januar um die Präsidentschaftsübertragung geht. Niemals aber seit dem Zweiten Weltkrieg ist die US-amerikanische Demokratie und damit die Demokraten so herausgefordert worden wie in den letzten Wochen des Jahres 2020. In den USA ist also auf besondere Weise sichtbar geworden, welch tödliche Gefahr für die Demokratie besteht, wenn die Anerkennung der Demokratie und ihres Funktionierens kaum mehr Mehrheitskonsens ist.

5. Fazit

Die gewalttätigen Corona-Leugner-Demonstrationen, die gefährliche Zuspitzung der AfD-Entwicklung bis zum Coup in Thüringen im Februar und der im Spätherbst 2020 hinter uns liegende faschistoide Mobilisierungsversuch Trumps in den Vereinigten Staaten zeigen auf ganz unterschiedlichen Ebenen, was demokratisch auf dem Spiel steht.

Es ist eine Schwäche von Politik und demokratischen Institutionen, wenn, wie in Leipzig im November 2020 geschehen, Staat und Polizei sich vor gewalttätigen Hooligans und Corona-Leugnern zurückziehen – wie schon am 1. September 2018 in Chemnitz oder gehäuft vor Pegida-Aufläufen in Dresden. Es macht sprachlos, wie leicht die Berliner Republik – und zwar ohne Weimarer Bedingungen der Weltwirtschaftskrise, der schwachen Verankerung der Demokratie in den Einstellungen ihrer Bevölkerung und der Folgen der Niederlage im Ersten Weltkrieg – durch die Ereignisse in Thüringen aus dem Tritt gebracht werden konnte.

Und es verschlägt einem den Atem, wenn der bisherige Amtsinhaber in Washington trotz eines inzwischen eindeutigen Wahlausgangs nicht unmittelbar von seinem Versuch abgehalten wurde, Militär- und Sicherheitsbehörden zu säubern, erst recht nicht von seiner eigenen Republikanischen Partei oder den Kontrollmechanismen der checks and balances.

Diese drei Beispiele konfrontieren uns mit unterschiedlich großen Gefahren, die Machtfrage von rechts gestellt zu bekommen. Überdies werden durch die Kombination von entsprechender gewaltfördernder Ideologie und Massenmobilisierung nicht nur ausgewählte Feindgruppen gefährdet, sondern die Regeln, die Institutionen und das politisch-ethische Selbstverständnis der Demokratie selbst.

Es war der AfD zeitweise gelungen, vor allem während der Flüchtlingsdebatte der Jahre 2015-2018, einen Teil der demokratischen Parteien – nicht zuletzt die zeitweise nach weit rechts gerückte CSU und die Medien – geradezu vor sich her zu treiben.

Damit hatte sie in einer in der Republik bisher nicht gekannten Weise auch auf parlamentarischer Ebene Erfolg – und davon profitierte eine Partei, die sich gleichzeitig im Rhythmus der Parteitage rechts radikalisiert hatte. Sie folgte der Selbstwahrnehmung: je radikaler, desto erfolgreicher.

Erst mit der Veröffentlichung des Gutachtens des Bundesamts für Verfassungsschutz (2019), mit einer bis dahin nicht gekannten Attentatswelle und insgesamt erhöhter rassistischer Gewalt in der Wahrnehmung der Bevölkerung ist die AfD Anfang 2020 an Grenzen gestoßen und stagniert seither in den Umfragen, ehe sie sich Ende des Jahres 2020 selbst zu zerlegen versucht.

Wenn sich aus diesen Ereignissen eine demokratische Lehre ziehen lässt, dann besteht sie darin, dass die Legislative gerade in schwierigen Zeiten handlungsfähig, und das heißt vor allem kompromissfähig, sein möge. Die demokratischen Parteien müssen fähig sein, eine funktionsfähige Regierung zu wählen, die glaubwürdig auf die Beschwerden und sozialen Probleme ihrer Bevölkerung antwortet, eben verantwortlich handelt, die keinen Millimeter nach rechtsextrem blinkt und nicht der Weimarer Gefahr der Anti-Demokraten erliegt, die das Umfeld um Höcke geradewegs anstrebt.

Selten in der Geschichte der Republik war der unmittelbare demokratische Protest trotz schwieriger ökonomischer und – mittlerweile – Pandemie-Bedingungen so wichtig wie gegenwärtig. Dies hat sich im Protest der Mehrheit gegen die Zumutungen der Aufmärsche von Pegida oder die »Flügel«-Vertreter der AfD, in den riesigen *#unteilbar*-Demonstrationen gegen rassistische Übergriffe und gegen einen pervasiven Alltagsrassismus gezeigt. Im Protest der *Fridays for future*, in den Kämpfen um ein Minimum an sozialer Balance in einem rabiaten Kasino-Kapitalismus, ebenso wie in der Wahl demokratischer und sozialer Parteien in den letzten Jahren und Monaten.

Dass selbst unter Pandemiebedingungen bis zu 90% der Bevölkerung in Deutschland die Republik, d.h. Menschenwürde, Demokratie und Rechtsstaat, schützen und stützen, zeigt, dass die Ideen der extremen neuen Rechten um Kubitschek, Höcke oder Kalbitz, wie in der zweiten Hälfte der Weimarer Republik auf den Sturz der Republik hinzuarbeiten, fehl gehen.

Autoritär-nationalistische oder demokratisch-sozialstaatliche Politik?

Mitte Dezember 2020 steigen die Infektionszahlen gerade auch in den Regionen, in denen besonders hartnäckig das ganze Phänomen geleugnet wurde – braucht man weitere Belege für den gefährlichen, tödlichen Unsinn der Corona-Leugner? Es wäre jedoch unangemessen, sich im Ausblick ganz auf die extreme Rechte zu beschränken. Zu sehr hat sich die gesellschaftliche und politische Lage insgesamt verändert. Dabei ist der Neoliberalismus bereits vorher delegitimiert worden.

Mehr noch: Die Corona-Krise hat die immense soziale Ungleichheit ebenso wie die Schwächen des – hierzulande im Vergleich immer noch funktionierenden, zugleich aber erkennbar unter den Druck der Märkte geratenen, durch Sparzwänge ausgedünnten – Gesundheitssystems, das dramatische, tödliche Versagen in der Ausstattung, Überprüfung und Kontrolle der Alten- und Pflegeheime sowie die mangelnde öffentliche Vorsorge offengelegt. Zudem verliert mindestens ein Drittel der deutschen Bevölkerung nach nunmehr einem dreiviertel Jahr Pandemie die Zuversicht in ihre eigene Zukunft; und damit können sie eine Gefahr für den Bestand der Demokratie werden (Decker/Brähler 2020).

Gleichwohl zeigen sich in dieser Krise gravierende Unterschiede zwischen jenen Staaten, in denen die notwendigen, problemangemessenen Freiheitseinschränkungen und gesundheitspolitischen Maßnahmen zur Eindämmung des Virus effizient und verantwortlich entschieden wurden, und jenen, in denen sie in das Belieben der wahrnehmungsarmen und analyseschwachen Eliten – wie in Großbritannien, den Vereinigten Staaten oder in Brasilien – gestellt wurden. Dort wurde die Krise längere Zeit geleugnet bzw. verharmlost und konnte daher explodieren.

Es ist bislang offen, ob die in der Krise besonders ausgeprägte Macht der Exekutiven nur vorübergehend eingesetzt wird oder ob sie zu einem (weiteren) Backlash führt, bei dem die zur Eindämmung des Virus gebotenen Freiheitseinschränkungen als günstige Gelegenheit genutzt werden, um autoritäre Maßnahmen und sogar einen Wechsel in diktaturähnliche Verfassungen durchzusetzen, ob man in anderen Worten den bisher beobachteten deutschen oder den ungarischen Weg geht.[72]

Neben der unbedingt anzustrebenden ökonomischen und politischen Stärkung internationaler Solidarität zur Unterstützung der unter der Coronakrise Not leidenden Bevölkerungen und der jeweiligen Volkswirtschaften ist die Krise zugleich ein politisch-kultureller Gradmesser dafür, ob sich in Individuen und Gruppen Egoismen geltend machen – oder ob sich gerade unter den Bedingungen der gesundheits- und lebensbedrohenden Pandemie Formen solidarischen Verhaltens, ja sogar Formen der Empathie und Strukturen einer Gemeinwohl-Ökonomie durchsetzen.[73]

---

[72] Vgl. zu den Gefahren eines weltweiten Autoritarismus Frankenberg 2020.

[73] Vgl. dazu Daniela Dröscher (2020): »Die Fähigkeit zur Empathie gehört zum angeborenen Repertoire eines jeden Menschen, muss aber erlernt und befördert werden. Am Mienenspiel der Eltern, also der ersten Menschen, die ihn umsorgen und aufziehen, lernt ein Säugling, Emotionen zu lesen. Einer ›hinreichend guten Mutter‹, wie der Bindungsforscher Donald Winnicott sie nennt – und einem ›hinreichend guten Vater‹, möchte man ergänzen – gelingt es, die sich je nach Alter und Lebenslage immer wieder wandelnden Emotionen des heranwachsenden Kindes zu bestätigen, zu respektieren und hinreichend gut auf seine Bedürfnisse einzugehen. Das Kind lernt, zwischen sich selbst und anderen, Grenzen zu erkennen, diese zu respektieren und respektiert zu sehen. Wer Empathie nicht auf diese frühkindliche Weise erlernen durfte, kann dies durchaus nachholen, nur ist der Weg mitunter mühevoll.«

Literatur

Adorno, Theodor (2019): Aspekte des neuen Rechtsradikalismus. Berlin.
Albright, Madeleine (2018): Faschismus. Eine Warnung. Köln.
Amadeo Antonio Stiftung (2019): Wissen, was wirklich gespielt wird ... Widerlegungen für gängige Verschwörungstheorien. Online: www.amadeu-antonio-stiftung.de/wp-content/uploads/2019/10/Verschw%C3%B6rungstheorien_widerlegen.pdf.
Assheuer, Thomas (1992): Rechtsradikale in Deutschland. Die alte und die neue Rechte. 2., akt. Aufl. München.
Aust, Stephan/Laabs, Dirk (2019): Urteil zu NSU-Geheimakte, Welt am Sonntag, 30.6.
Backes, Uwe (1989): Politischer Extremismus in demokratischen Verfassungsstaaten. Elemente einer normativen Rahmentheorie. Opladen.
Backes, Uwe/Jesse, Eckhard (2005): Sind »dritte Wege« demokratische Wege?; in: Jahrbuch Extremismus & Demokratie Bd. 17, Baden-Baden, S. 13-28.
Becker, Christoph (2020): Auseinandersetzung mit dem Weltbild und politischen Visionen von Björn Höcke. Eine Buchrezension. Hrsg. vom Zentrum Liberale Moderne, Berlin; https://gegneranalyse.libmod.de/wp-content/uploads/LibMod_Analyse_Ho%CC%88cke.pdf
BfV (2019): Gutachten des Bundesamts für Verfassungsschutz zur AfD vom 15.1.2019; online verfügbar: https://netzpolitik.org/2019/wir-veroeffentlichen-das-verfassungsschutz-gutachten-zur-afd/#2019-01-15_BfV-AfD-Gutachten
Blaschke, Olaf/Großbölting, Thomas (Hrsg.) (2020): Was glaubten die Deutschen zwischen 1933 und 1945? Religion und Politik im Nationalsozialismus. Frankfurt a.M.
Böick, Marcus (2018): Die Treuhand. Göttingen.
Browning, Christopher (2018): Trump: Faschismus ante portas? Berlin.
Brumlik, Micha (2016): »Das alte Denken der neuen Rechten«, in: Blätter für deutsche und internationale Politik. Heft 3.
Chasseguet-Smirgel, Janine (1951): Das Ichideal. Psychoanalytischer Essay über die »Krankheit der Idealität«. Aus dem Französischen von Jeannette Friedeberg. Frankfurt a.M.
Decker, Oliver/Brähler, Elmar (Hrsg.) (2018): Flucht ins Autoritäre: Rechtsextreme Dynamiken in der Mitte der Gesellschaft. Gießen.
Decker, Oliver/Brähler, Elmar (Hrsg.) (2020): Autoritäre Dynamiken. Neue Radikalität – alte Ressentiments. Leipziger Autoritarismus Studie. Gießen.

Der rechte Rand. Das antifaschistische Magazin (Hrsg.) (2020): Das IfS. Faschist*innen des 21. Jahrhunderts. Einblicke in 20 Jahre »Institut für Staatspolitik«. Hamburg.
Detering, Heinrich (2019): Was heißt hier »wir«? Zur Rhetorik der parlamentarischen Rechten. Stuttgart.
Doderer, Heimito v. (1964): Tangenten. München.
Dröscher, Daniela (2020): Empathie als politische Kraft, Zeit online, 3.4.
Ellison, Ralph (1947): Der Unsichtbare Mann (Neuauflage 1995). Reinbek bei Hamburg.
Eribon, Didier (2018): Grundlagen eines kritischen Denkens. Wien.
Frankenberg, Günter (2020): Autoritarismus. Berlin.
Freud, Sigmund (1908a): Hysterische Phantasien und ihre Beziehung zur Bisexualität. In: Gesammelte Werke, Band 7. Frankfurt a.M. 1966.
Freud, Sigmund: (1908b): Der Dichter und das Phantasieren. l.c.1966: In: Gesammelte Werke, Bd. 7, Frankfurt a.M. 1966.
Friedländer, Saul (2006): Das Dritte Reich und die Juden. Bonn.
Friedländer, Saul (2006): Das Dritte Reich und die Juden; Band 2: Die Jahre der Vernichtung 1939–1945, München
Funke, Dieter (2016): Idealität als Krankheit? Gießen.
Funke, Hajo (2002): Paranoia und Politik. Berlin.
Funke, Hajo (2017): Sicherheitsrisiko Verfassungsschutz. Staatsaffäre NSU: das V-Mann-Desaster und was daraus gelernt werden muss. Hamburg.
Funke, Hajo (2019): Der Kampf um die Erinnerung. Hitlers Erlösungswahn und seine Opfer. Hamburg.
Funke, Hajo (2020a): Armin Mohler, in: Fücks, Ralf/Becker, Christoph: Das alte Denken der neuen Rechten. Frankfurt a.M.
Funke, Hajo (2020b): Trumps Mobilmachung – Faschistoide Gefahr für die Demokratie?, in: Sozialismus.de, November.
Funke, Hajo/Mudra, Christiane (2018): Gäriger Haufen. Hamburg.
Gauland, Alexander (2016): »Wir können uns nicht von Kinderaugen erpressen lassen«, Zeit Magazin, 24.2.; www.zeit.de/politik/deutschland/2016-02/alexander-gauland-afd-fluechtlingskrise-fluechtlingspolitik-grenzen
Grimm, Jacob und Wilhelm: Deutsches Wörterbuch. 1. Band 1854 – 33. Band 1960. Neudruck 1984. München.
Haarer, Johanna (1939): Die deutsche Mutter und ihr erstes Kind. Berlin.
Habermas, Jürgen (2020): Moralischer Universalismus in Zeiten politischer Regression, in Leviathan 1.
Hardtmann, Gertrud (2001): Die Funktionalisierung des Opfers als »Container«. Rechtsradikale Jugendliche und Gewalt. In: Psyche

Sonderheft 9/10, »Zur Psychoanalyse menschlicher Destruktivität«. Stuttgart, S. 1027-1050.

Heim, Susanne u.a. (2011): Die Verfolgung und Ermordung der europäischen Juden durch das nationalsozialistische Deutschland 1933-45, Bd. 7: Sowjetunion mit annektierten Gebieten I. München 2011.

Hitler, Adolf: Mein Kampf. München. (Hier zitiert nach einer Ausgabe von 1933.) Empfohlen wird die kritische Edition, herausgegeben in 2 Bänden im Auftrag des Instituts für Zeitgeschichte München/Berlin von Christian Hartmann, Thomas Vordermayer, Othmar Plöckinger, Roman Töppel unter Mitarbeit von Pascal Trees, Angelika Reizle, Martina Seewald-Mooser, letzte Aufl. September 2020).

Höcke, Björn/Hennig, Sebastian (2018): Nie zweimal in denselben Fluss. Björn Höcke im Gespräch mit Sebastian Hennig. Lüdinghausen/ Berlin.

IWH (Leibniz-Institut für Wirtschaftsforschung Halle) (2019): Vereintes Land – drei Jahrzehnte nach dem Mauerfall. Halle (Saale).

Jansen, Christian/Henning Borggräfe: (2007): Nation, Nationalität, Nationalismus. (2. Aufl. 2020) Frankfurt a.M./New York).

Kaiser, Benedikt (2020): Solidarischer Patriotismus. Die soziale Frage von rechts. Steigra.

Kemper, Andreas (2016): »… Die neurotische Phase überwinden, in der wir uns seit siebzig Jahren befinden«. Zur Differenz von Konservativismus und Faschismus am Beispiel der »historischen Mission« Björn Höckes (AfD). Rosa-Luxemburg-Stiftung Thüringen, https://th.rosalux.de/fileadmin/ls_thueringen/dokumente/publikationen/RLS-HeftMissionHoecke-Feb16.pdf

Klüger, Ruth (1992): weiter leben. Eine Jugend. Göttingen.

Kopke, Christoph (2019): »Vom Nutzen und Nachteil einer Theorie des Extremismus«, in: Fachtagsdokumentation der AG Kirche für Demokratie und Menschenrechte, Chemnitz, 10.4. 2019; www.eeb-sachsen.de/assets/files/service_download/dokumentationen/Doku_Fachtag_Naechstenliebe_2019_Chemnitz.pdf

Kopke, Christoph/Rensmann, Lars (2000): Die Extremismusformel, in: Blätter für deutsche und internationale Politik 12/2000, S. 1453ff.

Laabs, Dirk (2012): Der deutsche Goldrausch. Die wahre Geschichte der Treuhand. München.

Leggewie, Claus (1987): Der Geist steht rechts. Ausflüge in die Denkfabriken der Wende. Berlin.

Lohl, Jan/Angela Moré (Hrsg.) (2014): Unbewusste Erbschaften des Nationalsozialismus. Gießen.

Longerich, Peter (1998): Die Politik der Vernichtung. Eine Gesamt-

darstellung der nationalsozialistischen Judenverfolgung. München.
Lucke, Albrecht von (2019): »Der Osten steht auf«: Die AfD als Führerpartei, in: Blätter für deutsche und internationale Politik 8/2019; www.blaetter.de/ausgabe/2019/august/der-osten-steht-auf-die-afd-als-fuehrerpartei
Meyer, Hermann Frank (2010): »Blutiges Edelweiß: Die erste Gebirgsdivision im Zweiten Weltkrieg«. Berlin.
Mohler, Armin (1989): Die Konservative Revolution in Deutschland 1918–1932. Ein Handbuch. Dritte, um einen Ergänzungsband erweiterte Auflage. Darmstadt.
Mohler, Armin (1990): Liberalenbeschimpfung. Drei politische Traktate. Essen.
Niethammer, Lutz (1990): Volkspartei neuen Typs? Sozialbiografische Voraussetzungen der SED in der Industrieprovinz, in: Prokla 20, S. 40-70.
Plessner, Helmuth (1959): Die verspätete Nation. Neuausgabe 1969. Frankfurt a.M.
Pohl, Dieter (1997): Die Einsatzgruppe C, in: Peter Klein (Hrsg.): Die Einsatzgruppen in der besetzten Sowjetunion 1941/42, Berlin 1997, S. 71-87.
Quent, Matthias (2019): Deutschland rechts außen. München.
Rafael, Simone (2016): »Gespaltene Mitte – Feindselige Zustände«: Welche Normen gelten noch?, Belltower, Netz für digitale Zivilgesellschaft, 21.11.
Rothberg, Michael (2009): Multidirectional Memory: Remembering the Holocaust in the Age of Decolonization. Cultural Memory in the Presence. Stanford.
Salheiser, Axel (2016): Einstellungen der Thüringer Bevölkerung, in: Matthias Quent/Franziska Schmidtke/Axel Salheiser, Gefährdung der demokratischen Kultur in Thüringen. Kompetenzzentrum Rechtsextremismus, Friedrich-Schiller-Universität Jena. Januar 2016; www.denkbunt-thueringen.de/wp-content/uploads/2016/02/Gef%C3%A4hrdungsanalyse.pdf.
Sarrazin, Thilo (2010): Deutschland schafft sich ab. Wie wir unser Land aufs Spiel setzen. München.
Saxer, Marc (2020): Epochenbruch. Die Corona-Krise sendet Schockwellen durch alle Systeme. Das eröffnet aber auch Chancen, in: IPG-Journal, 18.3.; www.ipg-journal.de/regionen/global/artikel/detail/epochenbruch-4170/
Segev, Tom (2010): Simon Wiesenthal. Die Biografie. München.
Stachura, Mateusz (2005): Die Deutung des Politischen. Ein handlungs-

theoretisches Konzept der politischen Kultur und seine Anwendung. Frankfurt a.M./New York.

Steinhagen, Martín (2019): Aufklärung in hessischen Verhältnissen. Der NSU-Untersuchungsausschuss in Wiesbaden, in: Benjamin-Immanuel Hoff u.a. (Hrsg.), Rückhaltlose Aufklärung. NSU, NSA, BND – Geheimdienste und Untersuchungsausschüsse zwischen Staatsversagen und Staatswohl. Hamburg.

Teilhabeatlas Deutschland (2019): Ungleichwertige Lebensverhältnisse und wie die Menschen sie wahrnehmen. Hrsg. vom Berlin-Institut für Bevölkerung und Entwicklung und der Wüstenrot Stiftung, Ludwigsburg; www.berlin-institut.org/fileadmin/user_upload/Teilhabeatlas/Teilhabe_Online.pdf

Thieme, Sarah (2020): Praktiken der (Doppel)-Gläubigkeit vor Ort: Advents- und Weihnachtsfeiern von NSDAP und NS-Frauenschaften, in: Blaschke/Großbölting 2020, S. 113-137.

Thüringen Monitor (2018): Politische Kultur im Freistaat Thüringen. Friedrich-Schiller-Universität Jena, KomRex – Zentrum für Rechtsextremismusforschung, Demokratiebildung und gesellschaftliche Integration.

Thüringen Monitor (2019): Politische Kultur im Freistaat Thüringen. Gesundheit und Pflege in Thüringen. Friedrich-Schiller-Universität Jena, KomRex – Zentrum für Rechtsextremismusforschung, Demokratiebildung und gesellschaftliche Integration.

Vinke, Hermann (2021): »Ein Volk steht auf – und geht zum Arbeitsamt«. Staatsholding Treuhand als Fehlkonstruktion – die Sicht von Betroffenen. Hamburg.

Die Vorsokratiker (2012): Griechisch/Deutsch. Ausgewählt, übersetzt und erläutert von Jaap Mansfeld und Oliver Primavesi. Stuttgart.

Wagner, Bernd (2014): Rechtsradikalismus in der Spät-DDR: Zur militant-nazistischen Radikalisierung. Wirkungen und Reaktionen in der DDR-Gesellschaft. Berlin.

Wiesenthal, Simon (1989): in Hajo Funke: Die andere Erinnerung. Frankfurt a.M.

Winnicott, D.W. (1974): Reifungsprozesse und fördernde Umwelt. (Originalausgabe London 1965). München.

Wölk, Volkmar (2020): Auf den Spuren des Hufeisens. Marginalien zu einem Theoriekonstrukt, 2.3.; www.sozialkritik.org/aktuelle-beitraege/auf-den-spuren-des-hufeisens/

Zick, Andreas/Küpper, Beate/Krause, Daniela (2016): Gespaltene Mitte – Feindselige Zustände. Bonn.